TU RECETARIO VEGETARIANO

JOSEFINA SALINAS

© Editores Mexicanos Unidos, S. A.
Luis González Obregón 5-B Col. Centro
Delegación Cuauhtémoc
C.P. 06020 Tels: 55-21-88-70 al 74
Fax:55-12-85-16
editmusa@mail.internet.com.mx
www.editmusa.com.mx

Miembro de la Cámara Nacional
de la Industria Editorial, Reg. No. 115

ISBN 968-15-0853-X

Edición 2002

Impreso en México
Printed in Mexico

TU RECETARIO VEGETARIANO

JOSEFINA SALINAS

Colección Una Vida Mejor

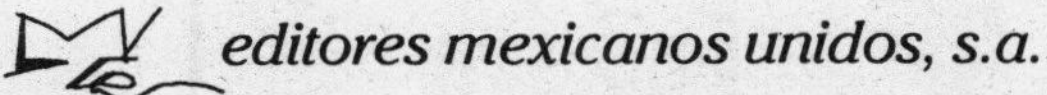

editores mexicanos unidos, s.a.

BOTANAS y ENTRADAS

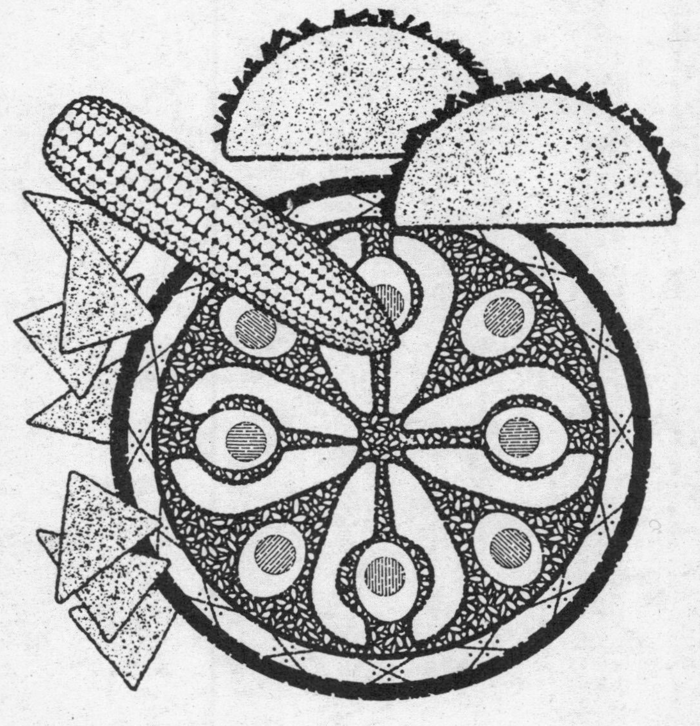

RICA BOTANA

INGREDIENTES

- 2 *tazas de queso Manchego rallado*
- 115 *gramos de mantequilla*
- 1 *cucharadita de sal*
- 2 *cucharaditas de perejil picado*
- 1 1/2 *taza de harina*
- *pimienta, al gusto*
- *salsa Tabasco (si se desea)*

Procedimiento: Se mezclan todos los ingredientes con un tenedor hasta quedar sin grumos. Se amasa suficientemente a que quede una pasta de consistencia sedosa. Se forman con las manos dos rollos y se envuelven en papel aluminio; se congelan. Una vez congelados, se parten en rebanadas delgadas, se acomodan en una charola de hornear y se meten al horno 10 minutos. Se toman calientitas.

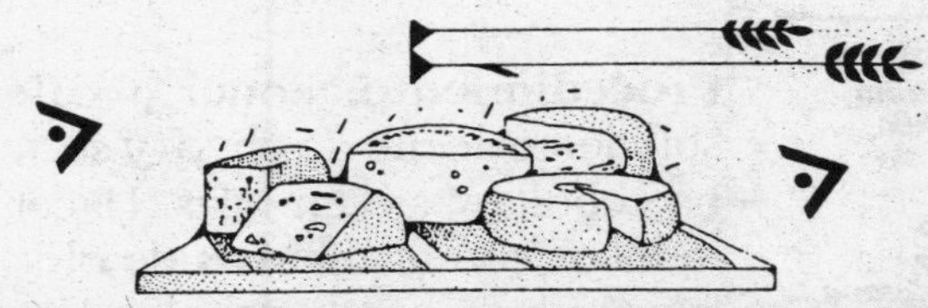

BOCADILLOS DE PAN NEGRO

INGREDIENTES

- *pan*
- 1 *lata de anchoas*
- 250 *gramos de mantequilla*
- *perejil*

Procedimiento: Se parte el pan en cuatro y se dora al horno. Aparte se muele una latita de anchoas y se revuelve con 1/4 de mantequilla. Se untan los panecillos y se les pone una hojita de perejil.

CIRUELAS PASAS CON NUEZ

INGREDIENTES

ciruelas pasas
nueces
tocino

Procedimiento: Se deshuesan las ciruelas, rellenándose con nueces y envolviéndolas con tiritas de tocino. Se cierran con un palillo. Se colocan en un refractario y se hornean hasta que dore el tocino. Se sirven como botana.

ACEITUNAS EN ESCABECHE

INGREDIENTES

1 *pomo de aceituna verde de 1/2 kilo*
2 *cebollas grandes en rajas*
1 *cabeza de ajo*
laurel, tomillo, orégano y mejorana
aceite de olivo

Procedimiento: Poner a calentar suficiente aceite de olivo, y se acitrona cebolla y ajo en rajas. Hacer una muñeca con las hierbas de olor y se fríe también con la cebolla. Una vez lista la cebolla, se saca la muñeca y se exprime. En seguida se vacían las aceitunas, escurridas, se fríen sin dejar de mover, un poco solamente para que no se arruguen, se les pone la salmuera en donde venían las aceitunas, se le regresa la muñeca y se tapan hasta que enfríen. Entre más tiempo estén preparadas, más sabrosas quedan y se pueden volver a envasar.

BOLA DE QUESO FINA

INGREDIENTES

200 *gramos de queso Roquefort*
200 *gramos de queso Manchego*
3 *quesos chicos Philadelphia*
250 *gramos de nuez picada*
1 *paquete de galletas Trigales*
cebolla y perejil finamente picados, al gusto
un poco de salsa Perrins

Procedimiento: Con un tenedor se revuelven los tres quesos, la nuez, la cebolla y el perejil con un poco de salsa Perrins. Se forma una bola y se adorna al gusto formando una flor con 4 nueces y una cereza al centro. A cada galleta se le unta este queso.

QUESO CON AJONJOLI

INGREDIENTES

1 *queso Philadelphia grande*
4 *cucharadas de salsa inglesa*
2 *cucharadas de jugo Maggi*
100 *gramos de ajonjolí*
sal y pimienta, al gusto
sal de ajo y cebolla

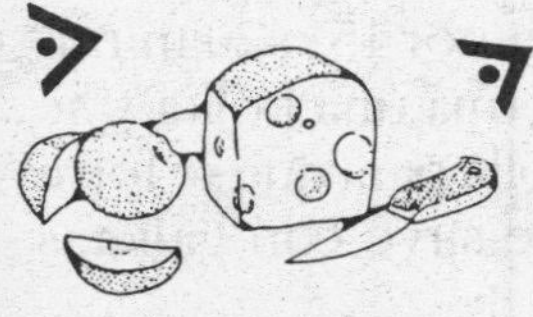

Procedimiento: Se mezclan la salsa inglesa, el jugo Maggi, sal y pimienta. En esta mezcla se deja reposar el queso durante unos 15 minutos, dándole vuelta para que todos sus costados se impregnen de la salsa.

En un plato, se pone el ajonjolí y se revuelca allí la pieza de queso para que quede forrada totalmente, ya para servirse se vacía la salsa sobrante. Se sirve con galletitas para untar.

CHILE CON QUESO

INGREDIENTES

1/4 aceite Mazola
1 cebolla mediana
3 chiles poblanos
1/2 vaso de agua
500 gramos de queso amarillo
15 tortillas

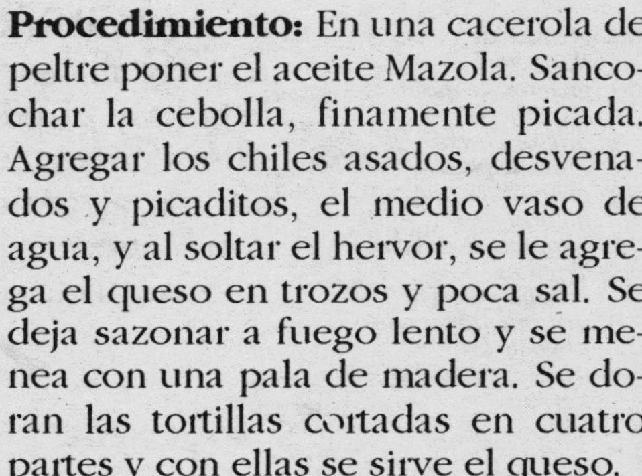

Procedimiento: En una cacerola de peltre poner el aceite Mazola. Sancochar la cebolla, finamente picada. Agregar los chiles asados, desvenados y picaditos, el medio vaso de agua, y al soltar el hervor, se le agrega el queso en trozos y poca sal. Se deja sazonar a fuego lento y se menea con una pala de madera. Se doran las tortillas cortadas en cuatro partes y con ellas se sirve el queso.

QUESO CON CEBOLLA

INGREDIENTES

1 queso Philadelphia grande
2 cucharadas de salsa inglesa
2 cucharadas de jugo Maggi
sal, pimienta, sal de cebolla deshidratada

Procedimiento: Se mezclan el queso, la salsa inglesa y el jugo Maggi, se agrega la sal y pimienta, se forma una pasta y se refrigera por 15 o 20 minutos. Se saca y se forma una bolita y se revuelca en la cebolla para que se forre completamente. Se sirve con galletas para untar.

PAN RELLENO PARA ENTREMES

INGREDIENTES

1 *pan francés alargado*

PRIMER RELLENO

2 *huevos cocidos, picados*
1/3 *taza de aceitunas rellenas, picadas*
2 *cucharadas de cebolla picada*
2 *cucharadas de mostaza*
1/4 *taza de mayonesa*

SEGUNDO RELLENO

1/2 *taza de jamón picado*
1/3 *taza de apio picado*
2 *cucharadas de pepinillos*
1/4 *taza de mayonesa*

ADORNO

3/4 *taza de crema Nestlé*
1/3 *taza de perejil picado*

Procedimiento: Rebane el pan francés a lo largo, en tres partes. En vasijas separadas mezcle los rellenos. Cubra cada rebanada de pan con un relleno diferente para que quede como un gran sandwich de tres capas. Envuelva en un plástico o papel aluminio presionando para que las capas peguen, conserve en el refrigerador durante 2 o 3 horas.

Ponga en la licuadora la crema de leche y el queso. Licue. Coloque el sandwich en el platón donde va a servir, cubra con la crema y el queso licuados. Adorne con perejil y refrigere hasta el momento de servir.

Consejo: Para que le sea más fácil picar el perejil, tome unas tijeras con un buen filo y córtelo chiquito, es más rápido que con cuchillo.

AGUACATE RELLENO DE VERDURAS

INGREDIENTES

6 *aguacates grandes y maduros*
2 *papas cocidas*
30 *gramos de queso añejo rallado*
4 *cucharadas de aceite de olivo*
2 *chiles cuaresmeños en vinagre*
2 *calabacitas tiernas*
30 *gramos de ejotes*
40 *gramos de chícharos*
2 *cucharadas de vinagre*
sal y pimienta, al gusto

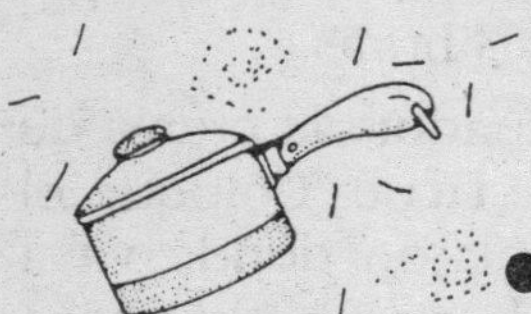

Procedimiento: Todas las verduras se cuecen con agua, sal y un poco de bicarbonato. Después de cocidas se escurren y se pican finamente así como las rajas del chile y las papas en cuadritos. Se sazona con sal, pimienta, vinagre, aceite y el queso. Ya pelados los aguacates, partirlos por la mitad a lo largo se pasan por vinagre y aceite y se rellenan con el picadillo. Se acomodan en un platón con ensalada de lechuga y se sirven.

AGUACATES RELLENOS

INGREDIENTES

3 *aguacates grandes*
1 *lata grande de atún*
1 *taza de apio picado*
3 *cucharadas de cebolla picada*
1 *taza de chícharos cocidos*
3 *pimientos morrones*
(para 6 personas)

Procedimiento: Asar los pimientos y pelarlos al chorro de agua fría; escurrir bien y cortar en cuadritos. Desmenuzar el atún con el tenedor y mezclar con los pimientos el apio, la cebolla y los chícharos. Partir por la mitad a lo largo los aguacates quitándoles el hueso y rellenar con la mezcla preparada. Servir adornados con tiras de pimientos morrones y sobre hojas de lechuga fresca.

CORAZONES DE APIO GRATINADOS

INGREDIENTES

- 6 *matas de apio*
- 100 *gramos de mantequilla*
- 2 *cucharadas de queso rallado*
- 6 *cucharadas de caldo*
- *sal y pimienta*

Procedimiento: Cortar las matas de apio de modo que se conserven todas las partes tiernas. Quitar las partes estropeadas, cortar las raíces y lavar los corazones. Hacerlos blanquear en agua salada, hirviendo durante 20 minutos desde el momento en que empiece a hervir; escurrirlos. Partirlos en dos a lo largo y disponerlos en una fuente de hornear; bañarlos con el caldo, sal pimientarlos, espolvorearlos con un poco de queso rallado y unos trocitos de mantequilla. Ponerlos en el horno, que se habrá encendido con unos minutos de anticipación a medio fuego. Dejar cocer hasta que se evapore todo el caldo, la mantequilla empiece a sofreír y el queso empiece a tostarse; poner encima una hoja de aluminio para impedir que se queme. Servir. Se pueden servir solos o como acompañamiento de un plato de carne.

COCKTAIL DE AGUACATE

INGREDIENTES

3 aguacates
3 jitomates maduros y grandes
1 chile ancho
1 taza de salsa catsup
3 cucharadas de salsa inglesa
1 copita de vino blanco bien frío
2 limones
sal y pimienta

Procedimiento: Poner la víspera el chile ancho en agua caliente con sal, desvenado y sin semillas, dejándolo así toda la noche. Pelar los jitomates, quitarles las semillas y ponerlos junto con el chile ancho. Pasar la mezcla por un colador fino y añadir la salsa inglesa y el catsup, el vino y el jugo de los dos limones. Salsa al gusto. Pelar los aguacates y cortar en pequeños dados. Verter la mezcla de salsas bien revuelta sobre los aguacates. Servir bien frío, en copas de cristal, espolvoreado con un poco de pimienta.

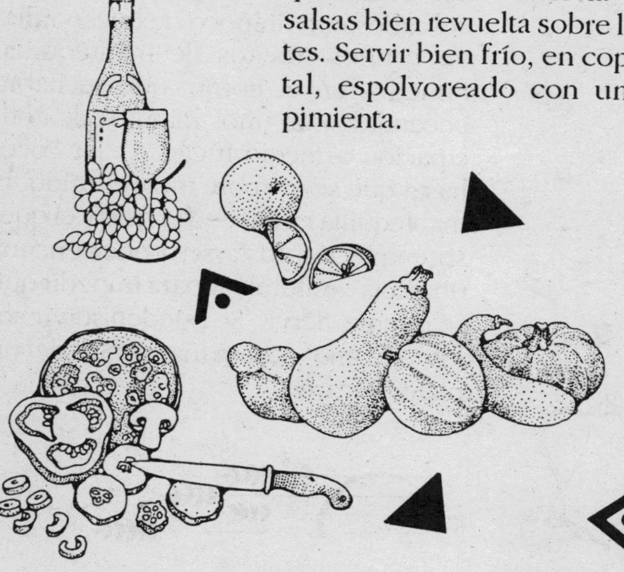

COCKTAIL DE ESPARRAGOS

INGREDIENTES

- 2 *latas de espárragos cortados en cuadros y escurridos*
- 1/2 *taza de mayonesa*
- 1/2 *taza de crema*
- 2 *cucharaditas de salsa catsup*
- 2 *cucharaditas de salsa picante Tabasco o Búffalo*
- 2 *cucharaditas de salsa Perrins*
- 2 *cucharaditas de jugo Maggi*

Procedimiento: Se mezcla muy bien la crema y la mayonesa, se le agrega las salsas, y se revuelven los espárragos. Se sirven en copas cocteleras con galletas. Debe servirse frío.

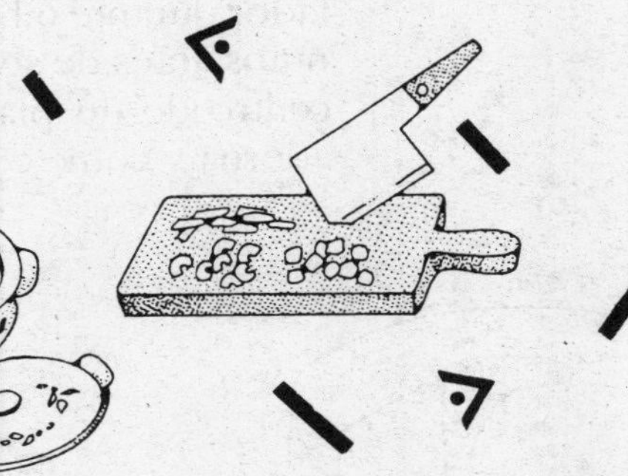

COCKTAIL DE FRUTAS

INGREDIENTES

- 1 *piña picada sin corazón*
- 2 *melones picados*
- 1 *kilo de manzanas peladas y picadas*
- 10 *naranjas picadas sin corazón*
- 1 *lata de duraznos sin hueso picados*
- *el jugo de 5 limones*
- *el almíbar de los duraznos*

Procedimiento: Todos los ingredientes se revuelven y se ponen en una fuente.

ANTIPASTO DE ANCHOAS

INGREDIENTES

- 1 *lata de anchoas*
- 1 *queso Philadelphia grande*
- 2 *cucharadas grandes de crema*
- 3 *cucharadas de cebollín rallado*

Procedimiento: Revolver todos los ingredientes con una raspa hasta que quede una pasta.

Hacer un rollo y envolverlo bien con papel aluminio. Meter al congelador durante 6 horas. Se saca 20 minutos antes de servir. Se coloca en el centro de un platón y alrededor se adorna y come con galletas saladas.

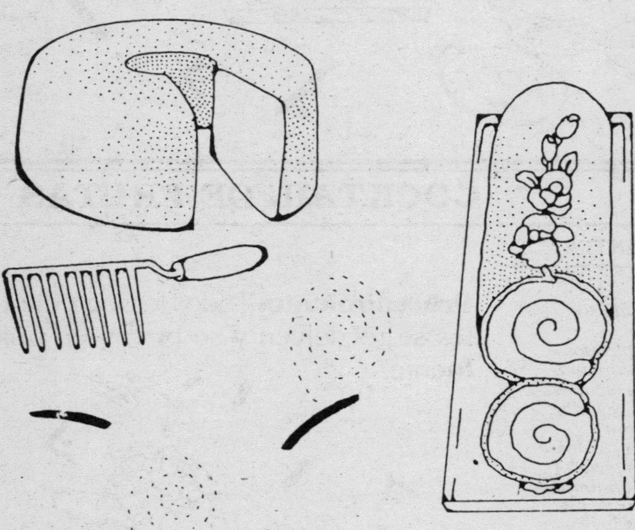

HUEVOS

OMELETTES

Para hacer omelettes se deben batir los huevos ligeramente y cocinar en poca grasa, a fuego medio o fuerte, esto último dependerá de la receta. La omelette bien hecha debe estar cremosa, esponjosa y con brillo. Si se cuece demasiado, quedará aplastada, dura y opaca. Hay 3 reglas fundamentales para dominar el arte de hacer omelettes. Sólo con práctica y aplicación de estas 3 reglas aprenderá a prepararlas.

1. Aunque los huevos suelen cocinarse a fuego lento, la mayoría de las omelettes deben hacerse a fuego vivo. Si la omelette se cuaja demasiado aprisa, simplemente levante la sartén del fuego unos segundos.

2. Emplee la cantidad correcta de mantequilla u otra grasa.

3. Bata enérgicamente los huevos durante 30 a 40 segundos. Es todo lo que la omelette necesita en cuestión de batir. Si se baten con un batidor de alambre o con un tenedor, cuente de 30 a 40 movimientos envolventes. Si los huevos no se baten lo suficiente, no quedarán bien mezclados, pero si se baten demasiado, se adelgaza su consistencia y por tanto cambia la textura de la omelette. Bata los huevos inmediatamente antes de cocinarlos; de lo contrario, desmerecen.

OMELETTE FRANCESA CLASICA

Siga uno por uno los siguientes pasos:

1. Caliente la sartén, ya "curada", a fuego lento.
2. Ponga una cucharada bien llena de mantequilla (la mantequilla natural es un sabor excelente, pero también puede emplear mantequilla salada). Deje que se derrita.
3. Mientras la mantequilla se derrite a fuego lento, parta 3 huevos y colóquelos en un recipiente; agrégueles sal y pimienta al gusto, y una cucharada de agua fría. Bátalos vigorosamente, como se explicó antes, no más de 40 segundos. Si emplea 5 huevos añada 2 cucharadas de agua.
4. Suba el fuego y cuando la mantequilla adquiera un color dorado (después de unos segundos), agréguele los huevos. Espere 10 segundos.
5. Sujete firmemente el mango de la sartén; con un tenedor desplace con cuidado los huevos desde los bordes hacia el centro, lo más rápidamente posible; al mismo tiempo imprima a la sartén ligeros movimientos de vaivén, sin levantarla del fuego, para evitar que los huevos se peguen. Toda la operación no debe durar más de 1 o 1: 30 minutos.
6. Pase rápidamente la omelette a un plato previamente calentado (nunca la deje en la sartén después de cocinada), levantando uno de los bordes y doblándola por la mitad, e inclinando la sartén al mismo tiempo. Si no se desliza bien, puede despegarla con una espátula y

ponerle un pedacito de mantequilla debajo para que actúe como lubricante.

Si prefiere una omelette doblada en tres partes, doble el borde que esté más cercano y deje que la otra parte se voltee sola al mismo tiempo que inclina la sartén. El lado doblado debe quedar debajo cuando se ponga la omelette en el plato.

Variantes

Las siguientes variaciones se basan en un omelette de 3 huevos hecha según la receta "Omelette francesa clásica".

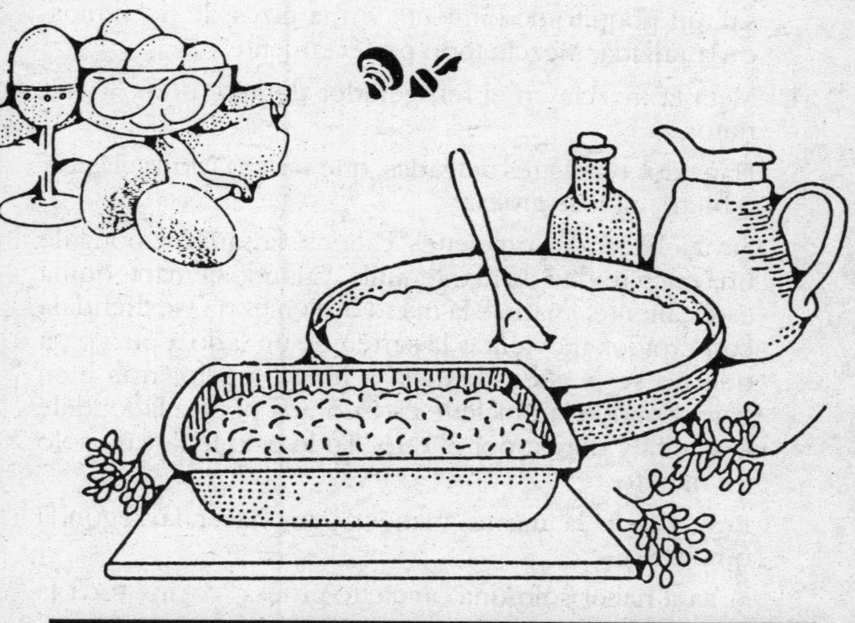

OMELETTE ALEMANA

Este tipo de omelette es algo intermedio entre un hot cake muy ligero y una omelette francesa. Puede emplearse para postre o como plato principal.

1. Ponga en un recipiente 2 cucharadas de harina.
2. Añada 3 huevos uno por uno, batiéndolos muy bien de preferencia con un batidor de alambre.
3. Agregue 1/2 taza de crema ligera o leche, una pizca de sal, un poquito de pimienta y una pizca de nuez moscada rallada. Mezcle todo perfectamente.
4. Meta la mezcla en el refrigerador durante unos 30 minutos.
5. Haga dos omelettes delgadas, que sería la forma clásica, o bien una más gruesa.

   Si va a hacer dos omelettes, caliente la sartén y póngale una cucharadita de mantequilla. Cuando la mantequilla esté caliente, añádale la mitad de la mezcla y extiéndala con rapidez moviendo la sartén de un lado a otro para que no se pegue. Cocínela a fuego medio, más bien bajo. Cuando la omelette esté dorada por un lado, déle la vuelta y dórela por el otro. Todo esto le llevará sólo un minuto.

   Proceda de la misma manera para hacer la segunda omelette.

   Si va a hacer sólo una omelette gruesa, cocine toda la mezcla a la vez y durante un poco más de tiempo.

6. Cuando la omelette esté lista, pásela a un plato previamente calentado, tratando de enrollarla bien apretadita, como si fuera un taco.

   La omelette alemana se puede rellenar, para lo cual, antes de enrollarla, distribuya bien en su superficie los ingredientes, calientes, que constituyen el relleno. Una vez lista, este tipo de omelette, ya sea sencilla o rellena, se suele cortar en tiras.

Variaciones

Para rellenar esta clase de omelette, se puede utilizar cualesquiera de los ingredientes enumerados en las páginas anteriores: hierbas de olor, papas, tomates, salchichas, etcétera. Sólo cuide de ponerlos calientes y distribuirlos uniformemente en la superficie de la omelette una vez cocinada; enrollarla después de apretarla bien.

TORTILLA DE PAPAS A LA ESPAÑOLA

INGREDIENTES

1/2 taza de aceite de oliva
4 papas medianas
1/2 cebolla grande
1/2 pimiento verde
6 huevos
sal al gusto

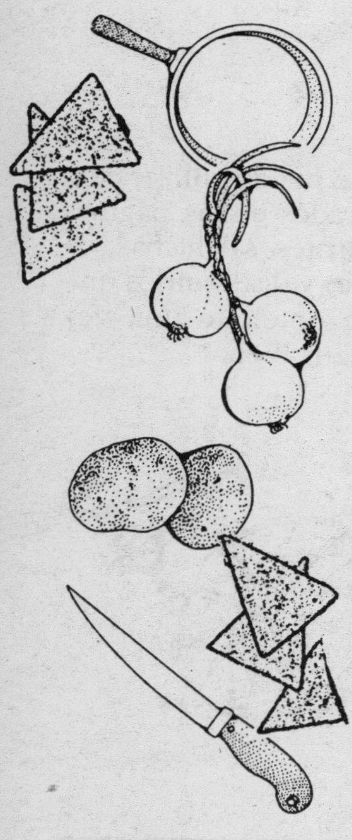

Procedimiento: En una sartén de 25 a 30 centímetros de diámetro caliente el aceite y añada las papas peladas y cortadas en rodajitas finas, la cebolla picada, el pimiento también picado y la sal. Deje que se frían todos los ingredientes a fuego medio y tapados, moviéndolos de vez en cuando, hasta que estén tiernos. Sáquelos y póngalos en un colador para que escurra el aceite. Quite también el aceite de la sartén, dejando sólo el justo para cuajar la tortilla (aproximadamente una cucharada). Ponga de nuevo la sartén sobre fuego fuerte y, mientras se calienta bien, bata ligeramente los huevos (lo necesario para que se mezclen las claras y las yemas) con un poco de sal y viértalos en la sartén. En seguida, vierta las papas encima y mueva la sartén imprimiéndole ligeras sacudidas para que la tortilla no se pegue, al mismo tiempo que le va despegando los bordes con una espátula. Baje el fuego y, cuando la tortilla esté cuajada por debajo, déle la vuelta ayudándose con un plato o con una tapadera; tome la sartén con la mano izquierda (al mismo tiempo que detiene la ta-

padera firmemente con la derecha), y, con un movimiento rápido inviértala de modo que la tortilla pase a la tapadera. Ponga de nuevo la sartén en el fuego y deslice la tortilla en ella por el lado no cuajado (si la sartén hubiera quedado muy seca, póngale una cucharadita de aceite). Mueva la sartén como se explicó anteriormente.

La tortilla estará lista cuando al oprimirla con la espátula se sienta tierna, pero no debe soltar huevo crudo. Sírvala fría o caliente, sale de 5 a 6 raciones.

Si lo prefiere, o le es más fácil, antes de poner los huevos en la sartén ya caliente puede mezclarles las papas ya cocidas y vertir todo junto en la sartén.

Variantes

En la tortilla a la española como en la omelette clásica, caben infinidad de variantes. A las papas se les puede añadir chorizo, jamón cocido o jamón serrano, tocino, atún, etcétera. También cuando se va a servir, se puede acompañar con salsa de tomate.

NOTA: La tortilla clásica de papas a la española es siempre redonda y se puede cocinar con aceite de oliva, o a veces con grasa de cerdo; el fuego debe ser bastante fuerte para que quede ligeramente dorada por fuera y tierna por dentro, la tortilla española es magnífica para comidas de campo, pues fría es tan rica como caliente.

HUEVOS CON PURE DE ESPINACA

INGREDIENTES

6 huevos
200 gramos de espinacas
30 gramos de mantequilla
1 cucharada de cebolla finamente picada
1/2 taza de leche
6 cucharadas de crema agria

Procedimiento: Las espinacas después de lavadas y limpias de tallos, se ponen a cocer en muy poquita agua con sal. Una vez cocidas, se muelen en la licuadora con el agua en la que se cocieron. La mantequilla se pone en una cacerola al fuego; cuando se ha derretido, se fríe la cebolla y ya que se transparente se ponen las espinacas y la leche. Se sazona al gusto con pimienta y un polvito de Ajino-Moto. Se deja hervir hasta que espesa. Se extiende el puré en un plato refractario, untado con mantequilla haciéndole seis agujeritos en donde se ponen los huevos. Se espolvorean con sal y pimienta y a cada uno se le pone una cucharada de crema. Se meten al horno a 400 grados centígrados de 10 a 15 minutos. Nada más para que cuajen sin que se cueza la yema. Se sirven inmediatamente.

HUEVOS RANCHEROS

INGREDIENTES

- *6 huevos*
- *6 tortillas chicas*
- *200 gramos de jitomate*
- *2 chiles poblanos*
- *1 cebolla chica*
- *1 diente de ajo chico*
- *1/4 de litro de aceite*
- *6 rebanadas de queso fresco*

Procedimiento: Se asan los chiles, se pelan, se desvenan y se cortan en rajas. El jitomate se asa y se muele con la cebolla y ajo también asados. En 3 cucharadas de aceite, se fríen las rajas y cuando están transparentes se agrega el jitomate molido. Se sazona con sal y se deja refreír bien el jitomate. Las tortillas se pasan por aceite bien caliente, teniendo cuidado de que no se doren, se escurren y se colocan en un platón. Los huevos se fríen en el resto del aceite y se van colocando sobre cada tortillita. Se bañan con la salsa hirviendo y se les pone a cada uno una rebanada de queso.

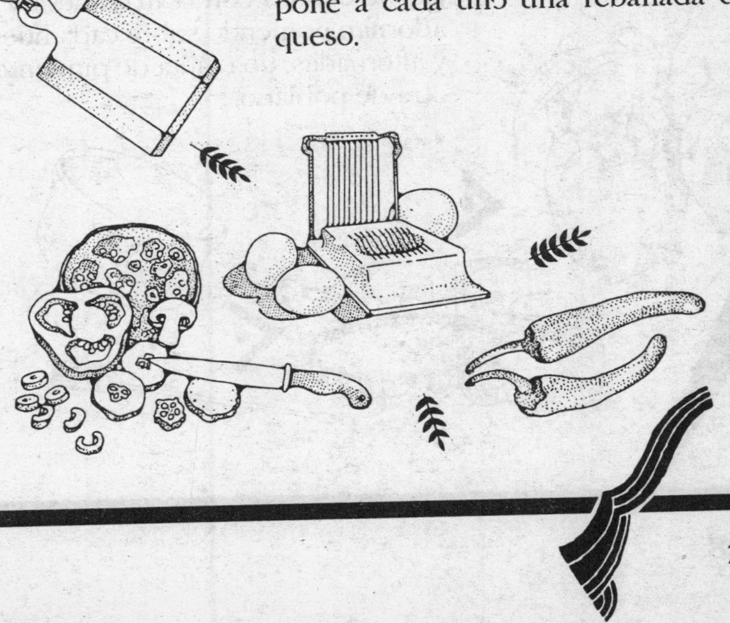

HUEVOS CON POBLANOS

INGREDIENTES

- 8 *huevos cocidos*
- 1 *cucharadita de cebolla finamente picada*
- 1 *cucharadita de perejil finamente picado*
- 1 *cucharadita de mostaza*
- 1 *cucharada de mayonesa*
- 500 *gramos de chiles poblanos*
- 1 *lata chica de pimientos morrones*
- 1 *taza de mayonesa*
- 4 *cucharadas de aceite*
- *sal, pimienta y Ajino-Moto, al gusto*

Procedimiento: Los chiles se asan, se pelan, se desvenan y cortan en rajas. El aceite se pone en una cacerola al fuego y cuando está bien caliente, se fríen las rajas, se sazonan con sal y Ajino-Moto y se dejan en el fuego hasta que están suaves. Se dejan enfriar y se colocan en un platón. Los huevos ya cocidos y fríos, se pelan y cortan por la mitad, a lo largo. Se les saca la yema y se revuelven con la mayonesa, cebolla, perejil, mostaza, sal y pimienta. Con esta pasta se vuelven a llenar las claras y se colocan, boca abajo, sobre las rajas. Se cubren con la mayonesa y se adornan poniendo sobre cada huevo y alternadas, una rajita de pimiento y otra de poblano.

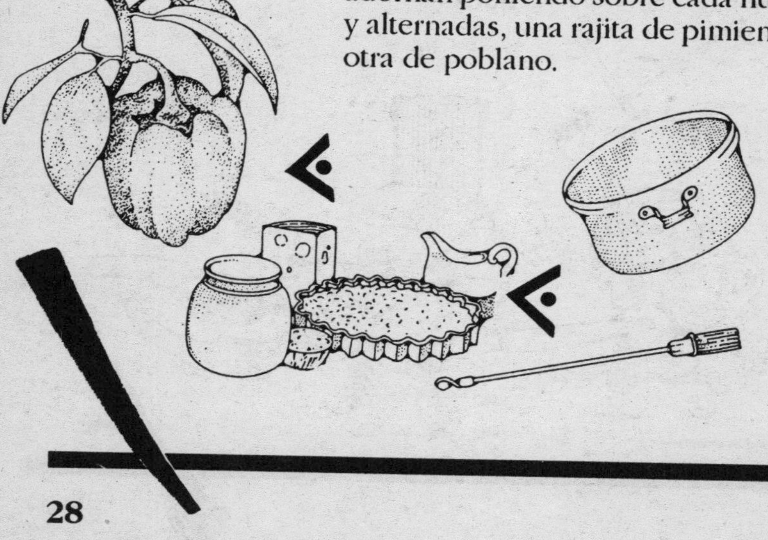

SOPAS

SOPA DE ELOTE

INGREDIENTES

- 50 *gramos de jamón o tocino picado*
- 1 *cebolla chica picada*
- 1 *lata grande de elote*
- 2 *tazas de papa pelada y picada*
- 1 1/2 *taza de tomate fresco*
- 1 *cucharada de azúcar*
- 1 *cucharadita de sal*
- 1/2 *cucharadita de pimienta*
- 5 *tazas de agua hirviendo o caldo*
- 1 *taza de leche caliente*
- *galletas de soda saladas*

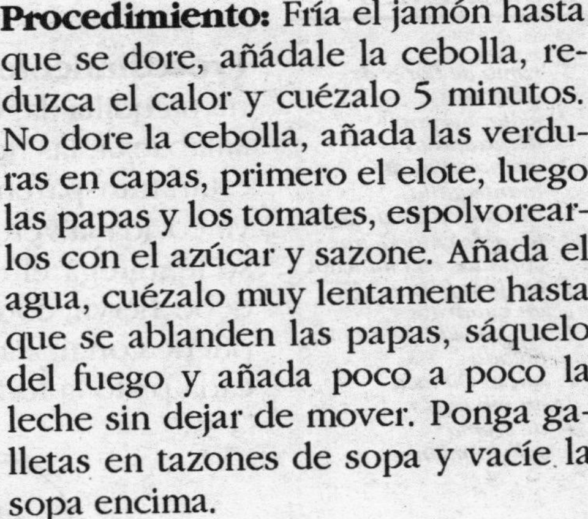

Procedimiento: Fría el jamón hasta que se dore, añádale la cebolla, reduzca el calor y cuézalo 5 minutos. No dore la cebolla, añada las verduras en capas, primero el elote, luego las papas y los tomates, espolvorearlos con el azúcar y sazone. Añada el agua, cuézalo muy lentamente hasta que se ablanden las papas, sáquelo del fuego y añada poco a poco la leche sin dejar de mover. Ponga galletas en tazones de sopa y vacíe la sopa encima.

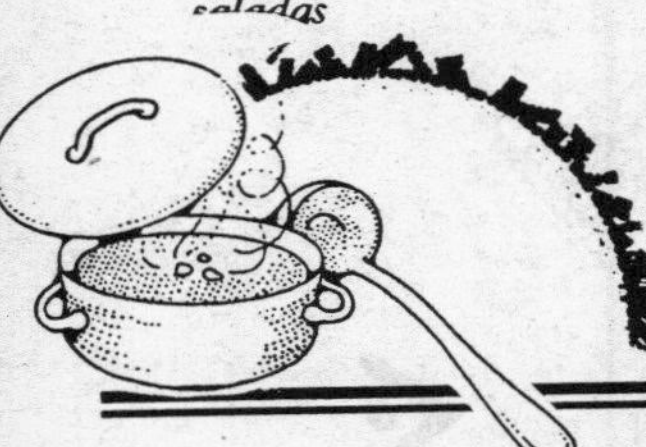

SOPA DE BERENJENA

INGREDIENTES

- 4 *berenjenas chicas*
- 1 *cebolla picada*
- 1 1/2 *litro de caldo de pollo*
- 1/2 *taza de crema o una taza de leche*
- *cuadritos de pan tostado*
- *mantequilla fresca, pimienta, al gusto*
- *maizena para espesar en caso necesario*

NOTA: La maizena deberá diluirse en un poco de agua.

Procedimiento: Se pelan las berenjenas y se cuecen enteras en el caldo de pollo. La cebolla se fríe en tantita mantequilla, se licúan las berenjenas con la cebolla. Se vierte en una cacerola y poco a poco se les agrega el caldo donde hirvieron las berenjenas. Se espesa con la maizena. Se deja hervir. En el último momento se agrega la crema. Servir con los cuadritos de pan.

SOPA DE FLOR DE CALABAZA

INGREDIENTES

- 1 *ramo de flores de calabaza*
- 2 *elotes tiernos desgranados*
- 2 *cucharadas de mantequilla*
- 1 *litro de caldo de pollo*
- 1/2 *taza de calabacitas cortadas en cuadritos*
- 3 *tortillas fritas en cuadritos*
- 1 *cucharada de cebolla picada*
- 1 *queso Oaxaca en rebanas*
- 1/4 *de crema*
- *sal y pimienta*

Procedimiento: Se acitrona en la mantequilla la cebolla, se agrega la calabacita, las flores y el elote. Ya que están transparentes vaciarles el caldo, ya cocida la verdura casi para servirse se le agrega el queso y la crema. No debe hervir con la crema porque se puede cortar. Para servir se coloca en cada plato la tortilla frita.

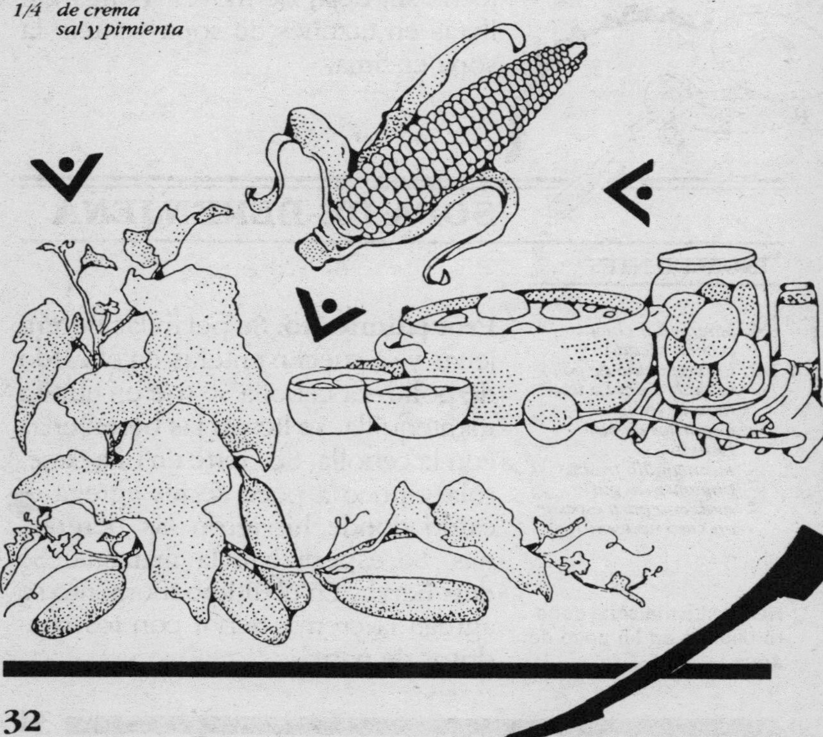

SOPA DE AJO

INGREDIENTES

250 *gramos de bolillos rebanados y fritos*
1/8 *de litro de aceite de oliva español*
8 *huevos*
10 *dientes de ajo (pelados)*
100 *gramos de queso Parmesano rallado*
2 1/2 *litros de caldo (de gallina es mejor)*

Procedimiento: En el aceite de oliva se fríen los dientes de ajo hasta que se doren, luego se quitan y en el mismo aceite se pone el caldo y el queso, se le da un ligero hervor y se le agrega el pan frito; se coloca la sopa en un plato hondo refractario y encima se le estrellan los huevos y se mete al horno hasta que los huevos cuajeń. Se sirve muy caliente.

SOPA DE CHAMPIÑONES

INGREDIENTES

500 *gramos de champiñones*
1 *manojo de flor de calabaza*
1 *poro chico*
1 *caldo de pollo*

Procedimiento: Ya limpios los champiñones, se fríen en aceite de oliva con tres ajos grandes enteros. En otra cacerola, se fríen el poro y la flor de calabaza limpia, se agrega el caldo de pollo y enseguida los champiñones hasta que queden bien cocidos. Si se desea se puede agregar una rama de epazote y dos chiles verdes.

CREMA DE FLOR DE CALABAZA

INGREDIENTES

1 cebolla chica picada
5 racimos de flor de calabaza picada
1 jitomate picado
1 pechuga de pollo cocida y deshebrada
50 gramos de mantequilla
2 cucharadas de harina
2 litros de leche precalentada
1/4 litro de crema natural
100 gramos de queso Covadonga cortado en cuadritos
1 aguacate cortado en cuadritos
2 elotes desgranados y hervidos
nuez moscada y pimienta
sal

Procedimiento: Se fríe la cebolla. Se agrega la flor de calabaza y el jitomate. Se agrega la pechuga y se deja sazonar con un poco de sal. Esto se muele en la licuadora con el caldo de la pechuga. En una olla grande se derrite la mantequilla. Se agrega la harina y se deja dorar. Se agregan los dos litros de leche y se deja espesar. Se agrega la mezcla de la licuadora y los elotes, se sazona con nuez moscada y pimienta. Se agrega la crema. A la hora de servir se pone en los platos la tortilla, el queso y el aguacate.

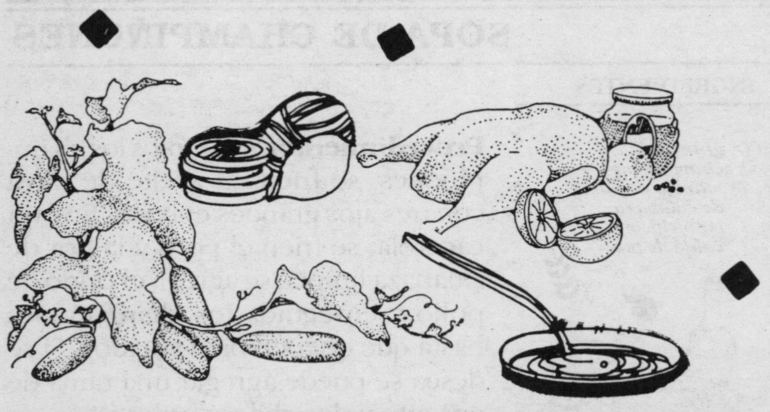

CREMA DE BERRO

INGREDIENTES

1 kilo de papa amarilla
1 poro grande
50 gramos de mantequilla
1 litro de agua
1 1/2 litros de leche
2 manojitos de berros
1/4 crema dulce
Sal, pimienta y Ajino-Moto, al gusto

Procedimiento: Se pelan las papas, se cortan en tiras gruesas y se ponen en agua de sal. El poro se rebana y se lava perfectamente. La mantequilla se pone en la olla "express" al fuego, cuando se ha derretido, se fríen las papas y el poro bien escurridos. Se sazonan con sal, pimienta y Ajino-Moto. Se dejan hasta que están transparentes. Se agrega el agua, se cierra la olla, cuando sale el vapor se pone el tapón y cuando salen las 3 rayitas, se baja el fuego y se deja hervir 15 minutos. Una vez fría la olla se abre, se licuan las papas y el poro con un poco de agua en la que se cocieron, se les pone la leche, se vuelven a sazonar al gusto y se pone en una olla al fuego. Se deja hervir, 10 minutos moviendo de cuando en cuando para que no se pegue. Los berros se lavan muy bien y se ponen en un recipiente con poquita agua y sal a fuego. Se dejan hervir 4 minutos y se licuan. Ya para servir la sopa se le ponen los berros y la crema. Se sirven enseguida. Se acompaña con "Palitos de queso".

SOPA DE BOLITAS DE MASA

INGREDIENTES

500 gramos de masa de maíz
2 jitomates
2 cucharadas de manteca de puerco
1 rama de epazote
1 hoja de tlanepa o santa
chile al gusto
ajo y cebolla

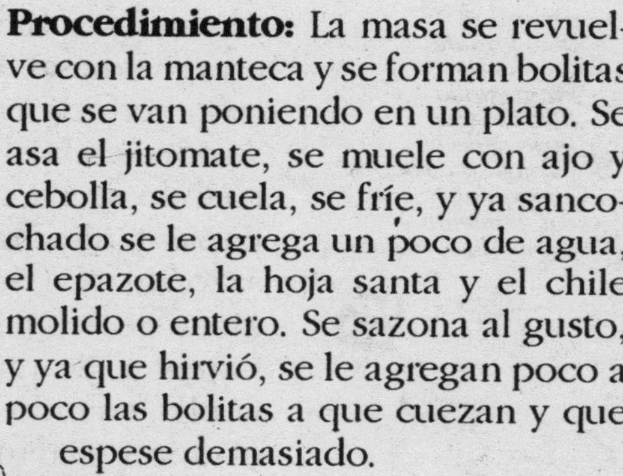

Procedimiento: La masa se revuelve con la manteca y se forman bolitas que se van poniendo en un plato. Se asa el jitomate, se muele con ajo y cebolla, se cuela, se fríe, y ya sancochado se le agrega un poco de agua, el epazote, la hoja santa y el chile molido o entero. Se sazona al gusto, y ya que hirvió, se le agregan poco a poco las bolitas a que cuezan y que espese demasiado.

SOPA DE CHILE POBLANO

INGREDIENTES

1 litro de consomé
3 chiles poblanos
2 cucharadas de harina
1 leche clavel
1/4 de crema
250 gramos de queso Manchego
totopitos fritos

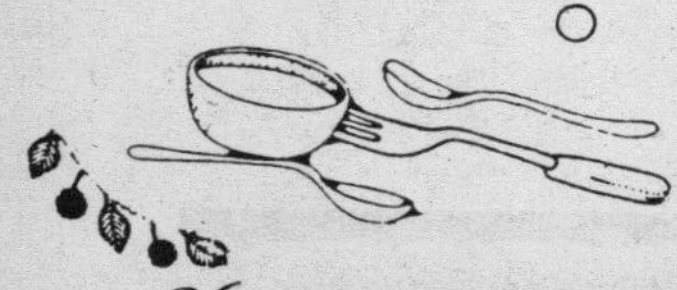

Procedimiento: Se asan y pelan los chiles, se muelen con caldo de pollo en la licuadora. Se dora la harina, se le pone un poco de caldo a que se cueza. Se vacían los chiles molidos con el caldo, se deja hervir agregándose la leche clavel a que dé un último hervor. Se sirve con crema, totopitos fritos y cuadros de queso.

EL VALOR DEL DINERO

CON $ DINERO $ PODEMOS COMPRAR

UNA CAMA ... PERO NO DESCANSO

UNA CASA ... PERO NO UN HOGAR

UN CRUCIFIJO ... PERO NO UN SALVADOR

UNA IGLESIA ... PERO NO EL CIELO

LAS COSAS QUE EL DINERO OFRECE SON TEMPORALES, LO QUE DIOS OFRECE ES PARA LA **ETERNIDAD**

DIOS TE AMA

PORQUE DE TAL MANERA AMO DIOS AL MUNDO, QUE HA DADO A SU HIJO UNI-GENITO, PARA QUE TODO AQUEL QUE EN EL CREA, NO SE PIERDA, MAS TENGA VIDA ETERNA. JUAN 3:16

JESUS MURIO POR TUS PECADOS

MAS DIOS MUESTRA SU AMOR PARA CON NOSOTROS, EN QUE SIENDO A UN PECA-DORES CRISTO MURIO POR NOSOTROS. ROMANOS 5:8

ACEPTA A JESUS EN TU CORAZON

HE AQUI YO ESTOY A LA PUERTA Y LLAMO, SI ALGUNO OYE MI VOZ, Y ABRE LA PUERTA, ENTRARE A EL, CENARE CON EL, Y EL CONMIGO. APOCALIPSIS 3:20

100 100

FEDERAL RESERVE NOTE

THE UNITED STATES OF AMERICA

AL 52386318 B
L12

UNITED STATES · FEDERAL RESERVE SYSTEM

100

AL 52386318 B

D 2

Treasurer of the United States.

SERIES 1996

D 61

Robert E. Rubin

Secretary of the Treasury.

100

100

FRANKLIN

ONE HUNDRED DOLLARS

SOPA DE TORTILLA

INGREDIENTES

5 jitomates grandes
2 dientes de ajo
1 cebolla picada
2 litros de caldo de pollo

Procedimiento: Moler el jitomate, ajo, y la mitad de la cebolla. En una olla con aceite dorar el resto de la cebolla; agregar el jitomate colado a que se fría un poco. Añadirle el caldo de pollo. Que hierva un rato. La sopa se acompaña con lo siguiente: 5 chiles verdes picados, 1/4 de taza de crema, 250 gramos de queso Chihuahua rallado, 20 tortillas fritas en tiritas y un chile ancho picado. Se ponen los ingredientes por separado en la mesa y cada quien la prepara al gusto. Si se quiere que la tortilla se ablande un poco, se puede echar en la sopa un momento antes de servirla.

SOPA SONORA

INGREDIENTES

5 elotes desgranados
1/4 de cebolla picada finamente
50 gramos de mantequilla
3 jitomates
3 chiles poblanos pelados y en rajitas
1/4 de crema
caldo de pollo
sal y pimienta

Procedimiento: Se fríen los elotes y la cebolla en mantequilla. Se agrega el caldo de pollo y el jitomate molido y sazonado. Cuandò está cocido el elote se agregan las rajas, y ya para servir se incorpora la crema.

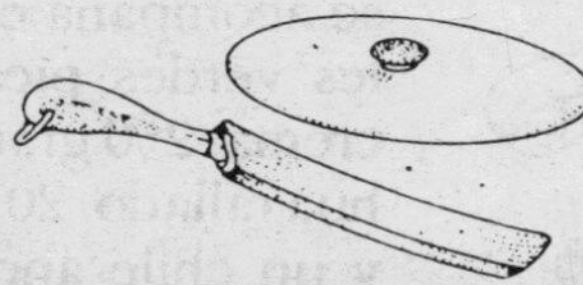

CREMA DE ELOTE CON RAJAS

INGREDIENTES

6 elotes tiernos
2 litros de leche
50 gramos de mantequilla
1/4 crema dulce Lyncott
100 gramos de queso asadero
1 cucharadita de sal de cebolla
4 chiles poblanos
sal y pimienta

Procedimiento: Ponga a cocer los elotes con suficiente agua y sal. Los chiles se asan, pelan, desvenan y se cortan en rajitas. Ponga la mantequilla en una olla al fuego y cuando se ha derretido agregue la mitad de los granitos de elote molidos en la licuadora con sal de cebolla y la leche. Sazone con sal y pimienta dejando hervir de 10 a 15 minutos al tiempo que se mueve de cuando en cuando. Agregue el resto de las rajas y granitos de elote y sostenga el hervor 10 minutos más, agregar crema y queso.

PASTAS

SPAGUETTI CON CHAMPIÑONES

INGREDIENTES

- 2 *paquetes chicos o uno grande de spaguetti largo, partido por la mitad*
- 1 *lata chica de puré de tomate*
- 2 *jitomates asados y pelados*
- 1/2 *cebolla*
- 1/2 *cebolla finamente picada*
- 250 *gramos de jamón en trocitos*
- 1 *lata grande de champiñones enteros*
- 1 *barra de mantequilla*
- 1/2 *litro de crema*
- 250 *gramos de queso Manchego*
- *queso Parmesano rallado*
- *sal y pimienta*
- 1 *diente de ajo*

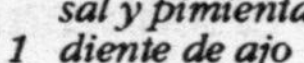

Procedimiento: Cueza los spaguettis según su costumbre, páselos por agua fría y escúrralos. En un refractario rectangular grande, engrasado con mantequilla, ponga un poquito de la cebolla que picó finamente, encima coloque los spaguettis ya escurridos, agregue sal y pimienta blanca al gusto.

Aparte, en una sartén ponga un poco de mantequilla y fría allí el resto de la cebolla picada, los champiñones y el jamón. Muela en la licuadora la media cebolla con el jitomate asado y pelado y un diente de ajo, cuando ya esté molido, añada el puré de jitomate y déle otra vuelta en la licuadora, cuélelo y vacíelo en la sartén donde está friendo los champiñones, la cebolla y el jamón, déjelo sazonar y apague. Vierta esta salsa sobre los spaguettis, ponga encima la crema y unos trocitos de mantequilla, ralle el queso Manchego y póngalo sobre la crema, espolvoréele un poco de queso Parmesano. Hornee a fuego moderado hasta que la crema y la salsa se incorporen y empiecen a hervir.

CANELONES RELLENOS DE ESPINACAS Y CHAMPIÑONES

INGREDIENTES

- 1 *paquete de canelones*
- 1 *kilo de espinacas lavadas, picadas y hervidas*
- 1 *lata grande de champiñones en trocitos*
- 1 *lata de sopa de tomate Campbell's*
- 1/4 *de crema*
- 1 *cebolla finamente picada*
- 1/2 *cebolla*
- 300 *gramos de queso rallado tipo Manchego*
- 2 *cucharadas de aceite*
- 100 *gramos de mantequilla*
- *sal y pimienta*

Procedimiento: Se hierven los canelones con sal, 2 cucharadas de aceite y un trozo de cebolla. Cuando ya estén casi cocidos, se ponen bajo el chorro de agua fría y se escurren. Se engrasa un refractario con mantequilla. Aparte, se fríe en un poco de mantequilla la cebolla picada y cuando esté transparente se le agregan los champiñones escurridos, cuando ya estén un poco marchitos, se añaden las espinacas bien escurridas, se deja sazonar, se escurre y con esto se rellenan los canelones. En el refractario engrasado se acomodan los canelones y se le vacía encima la sopa previamente mezclada. Se les pone la crema y encima el queso rallado. Se hornea hasta que el queso se funda y se junten las cremas.

LASAGNA DE BERENJENA

INGREDIENTES

1 kilo de berenjenas
3 huevos
1 taza de harina o pan molido
500 gramos de lasagna
1 taza de queso rallado
6 tomates rojos
1 cebolla chica
2 dientes de ajo
1 cucharada de consomé de pollo
5 cucharadas de queso Parmesano
sal y pimienta

Procedimiento: Pelar las berenjenas y cortarlas en rebanadas del grueso de un centímetro, se pasan por el huevo y se empanizan con el harina o el pan molido y se fríen con sal y una pizca de pimienta. Se hierve la lasagna y se pone la mitad de ésta en un molde engrasado y se cubre con las rebanadas de berenjena frita, se espolvorea con el queso y se vuelve a tapar con la otra mitad de la lasagna.

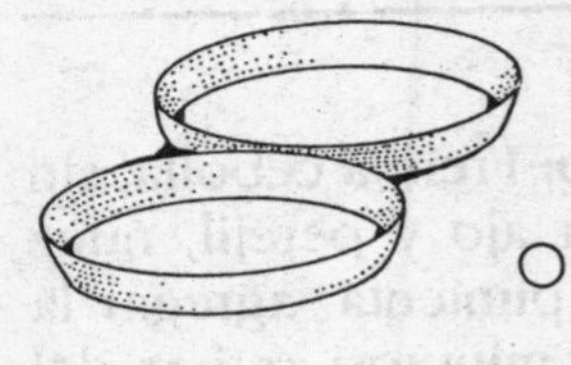

Manera de hacer la salsa: Se licuan los tomates con la cebolla y el ajo, y se fríen con una cucharada de aceite, se sazona al gusto con los condimentos. Se baña con esta salsa la lasagna y se le agregan 5 cucharadas de queso Parmesano. Se mete a horno regular 20 minutos.

BASES PARA CREPAS

INGREDIENTES

- 1 *taza de harina*
- 1/2 *taza de leche*
- 1/2 *taza de agua*
- 2 *huevos*
- 1 *cucharada de mantequilla derretida*
- 1 *pizca de sal*
- 1 *cucharada de germen de trigo*

Procedimiento: Se mezclan todos los ingredientes y se baten a que quede un atole.

NOTA: Deberán hacerse en crepera eléctrica.

CREPAS O CANELONES DE REQUESON Y ESPINACAS

INGREDIENTES

- 2 *tazas de requesón*
- 2 *tazas de espinacas hervidas y exprimidas, finamente picadas*
- 2 *cebollas finamente picadas*
- 2 *dientes de ajo picados*
- 4 *ramitas de perejil*
- 1/4 *cucharadita de nuez moscada*
- 1 *taza de salsa blanca espesa*
- 1 *taza de queso rallado*
- 1 *huevo crudo*
- 24 *crepas*
- *sal y pimienta, al gusto*

Procedimiento: Freír la cebolla, sin dorarla, agregar ajo y perejil, nuez moscada, sal y pimienta, agregar la espinaca por 5 minutos, retirar del fuego y agregar la salsa blanca, requesón, el huevo, una taza de queso rallado, mezclar bien todo y rellenar las crepas o los canelones.

Acomodar en un refractario y tapar con salsa blanca o salsa roja, espolvorear con 3 o 4 cucharadas de queso rallado. Horno moderado de 15 a 20 minutos.

CREPAS URUGUAYAS

INGREDIENTES PARA LA MASA

500 gramos de harina
3 huevos
3 tazas de leche
1 cucharadita de sal

INGREDIENTES SALSA

1 kilo de jitomate rojo
1 cebolla
4 dientes de ajo
1 manojo de perejil
250 gramos de queso Chihuahua rallado
2 pechugas deshebradas
Nuez moscada
Sal, pimienta y orégano, al gusto

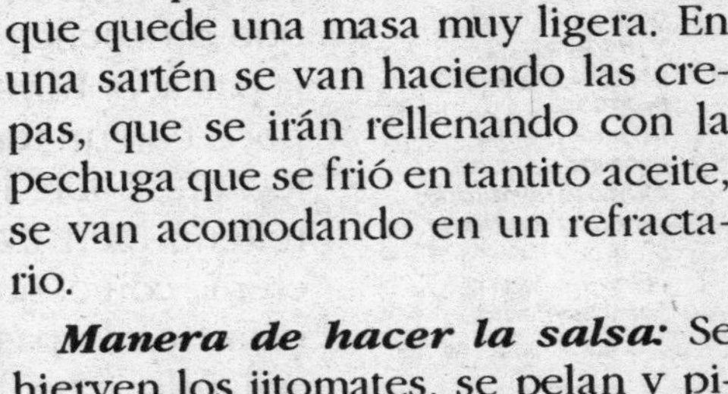

Procedimiento para hacer la masa: Se baten los huevos con la leche, se le va poniendo la harina, la sal, a que quede una masa muy ligera. En una sartén se van haciendo las crepas, que se irán rellenando con la pechuga que se frió en tantito aceite, se van acomodando en un refractario.

Manera de hacer la salsa: Se hierven los jitomates, se pelan y pican. En una cacerola con tantito aceite se fríe la cebolla y los ajos picados, se le pone el jitomate, el perejil picado, la nuez moscada, el orégano, sal y pimienta a que sazone. Se bañan las crepas con esta salsa, se les pone el queso, se meten al horno por 15 minutos antes de servirse.

PASTEL DE ESPINACA

INGREDIENTES

- 1/2 *kilo de pasta hojaldrada*
- 1 *kilo de espinaca cocida y picada*
- 1 *pechuga cocida y picada*
- 150 *gramos de jamón picado*
- 1/4 *litro de crema*
- 150 *gramos de queso Manchego rallado*
- 1 *cebolla finamente picada*
- 1 *yema de huevo*
- *Sal y pimienta*

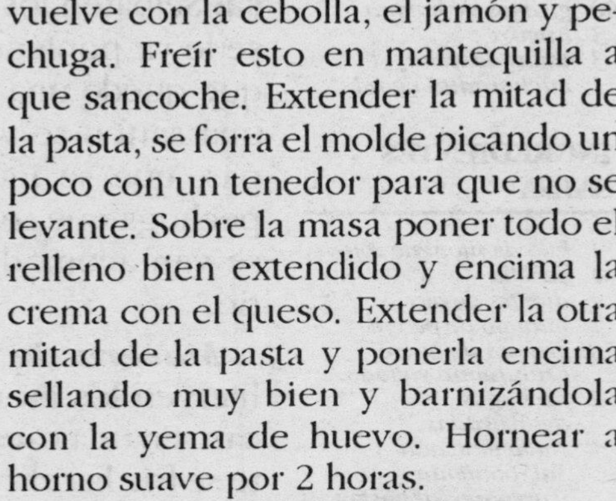

Procedimiento: La espinaca se revuelve con la cebolla, el jamón y pechuga. Freír esto en mantequilla a que sancoche. Extender la mitad de la pasta, se forra el molde picando un poco con un tenedor para que no se levante. Sobre la masa poner todo el relleno bien extendido y encima la crema con el queso. Extender la otra mitad de la pasta y ponerla encima sellando muy bien y barnizándola con la yema de huevo. Hornear a horno suave por 2 horas.

CREPAS CON RAJAS DE CHILE POBLANO

INGREDIENTES

- 500 *gramos de chile poblano en rajas*
- 500 *gramos de cebollas en rajas*
- 1 *lata de elotes desgranados*
- 300 *gramos de queso Manchego rallado*
- 1/2 *litro de crema*
- 30 *crepas ya hechas*

Procedimiento: Se sancocha la cebolla con las rajas de chile poblano, se le agrega el elote. Se sazona con sal. Se van haciendo taquitos con las crepas y se van colocando en un refractario engrasado con mantequilla. Se bañan con la crema y el queso rallado encima. Se hornean a horno regular.

ROLLO DE FLOR DE CALABAZA

INGREDIENTES

- *500 gramos de pasta hojaldrada*
- *500 gramos de flor de calabaza lavada y picada*
- *200 gramos de champiñones lavados y cortados en cuatro*
- *2 elotes desgranados*
- *2 chiles poblanos asados, lavados y cortados en rajas*
- *3 hojitas de epazote picadas*
- *1 cebolla chica picada*
- *1/8 de litro de crema natural*
- *500 gramos de queso rallado (Oaxaca o Manchego)*
- *2 huevos separados*
- *1/4 de taza de aceite*
- *sal, pimienta y consomé de pollo en polvo*

Procedimiento: En aceite tibio poner el elote hasta que se cueza. Agregar la cebolla, el epazote y las rajas hasta que acitronen. Agregar los champiñones y la flor. Sazonar con sal, pimienta y caldo de pollo en polvo al gusto. Dejar hervir hasta que seque el caldo. Dejar enfriar, agregar crema y queso. Extender la masa en forma de rectángulo. Colocar el guisado a lo largo de la masa, sin tocar las orillas. Se enrolla empezando por los lados largos. Se unen y pegan con clara de huevo. Después las orillas se cortan un poco para que no queden muy gruesas y se pegan con clara de huevo. Se barniza con yema de huevo. Se pone sobre una charola de hornear. Se mete al horno a fuego lento por aproximadamente 2 horas. Se puede congelar en crudo.

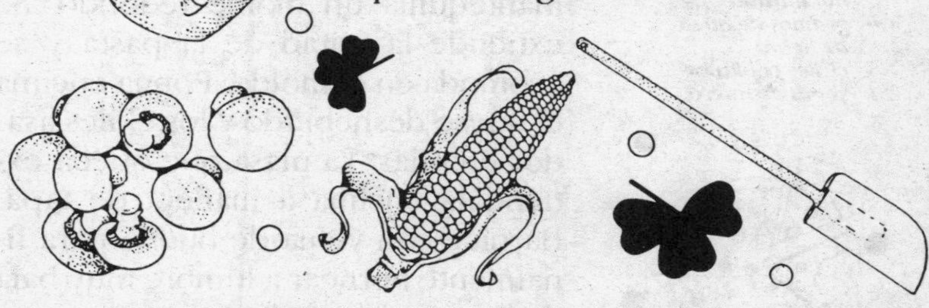

MASA PARA PAY

INGREDIENTES

180 gramos de mantequilla
3 yemas
400 gramos de harina
2 cucharaditas de royal
1/4 de taza de leche

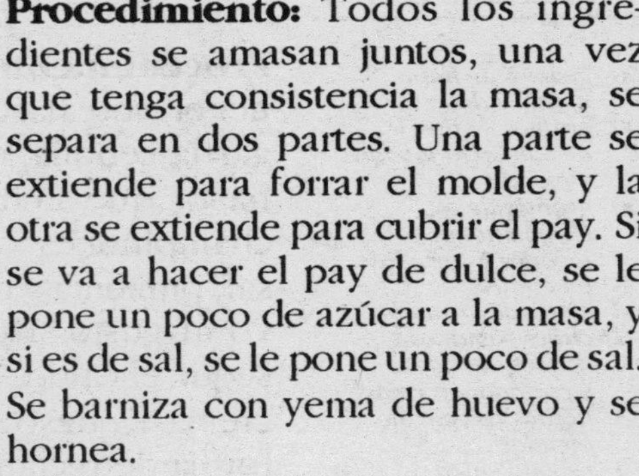

Procedimiento: Todos los ingredientes se amasan juntos, una vez que tenga consistencia la masa, se separa en dos partes. Una parte se extiende para forrar el molde, y la otra se extiende para cubrir el pay. Si se va a hacer el pay de dulce, se le pone un poco de azúcar a la masa, y si es de sal, se le pone un poco de sal. Se barniza con yema de huevo y se hornea.

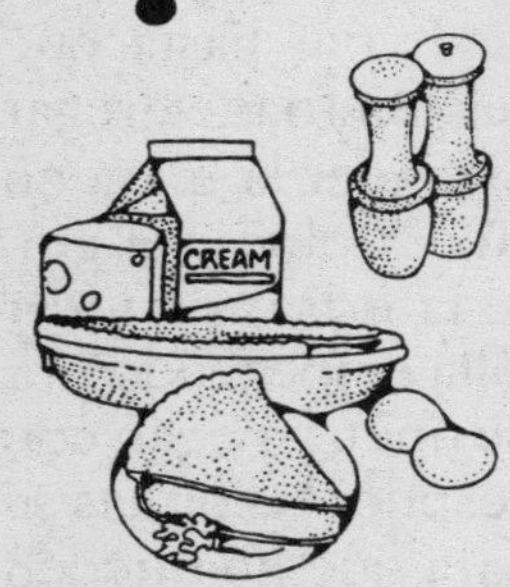

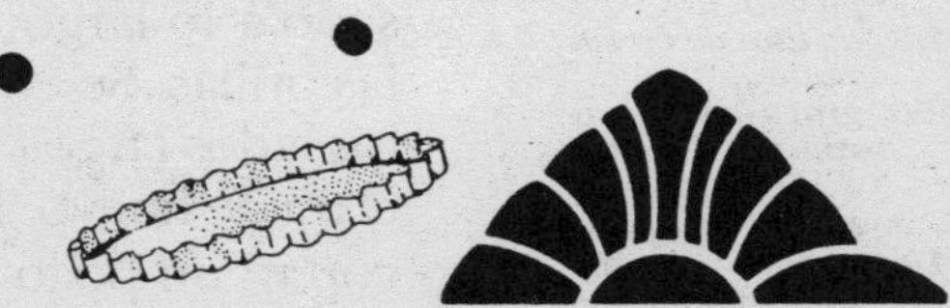

PAY DE QUESO Y RAJAS

INGREDIENTES

500 gramos de pasta hojaldrada
500 gramos de queso de hebra
5 chiles poblanos
1 yema de huevo

Procedimiento: Se engrasa con mantequilla un molde redondo. Se extiende la mitad de la pasta y se acomoda en el molde. Ponga encima el queso deshebrado y los chiles asados en rajas. La masa que queda extiéndala encima a manera de tapa. Barnice con yema de huevo para finalmente hornear a lumbre muy baja durante una y media horas.

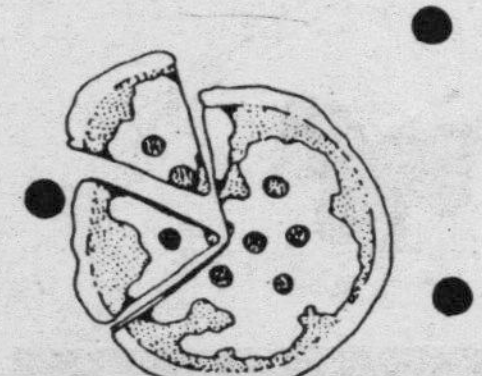

PAY DE ESPINACAS

INGREDIENTES

1 *kilo de pasta hojaldrada*
1 *kilo de espinacas*
500 *gramos de queso Chihuahua rallado*
2 *yemas de huevo*
50 *gramos de tocino*

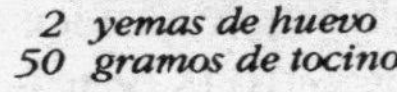

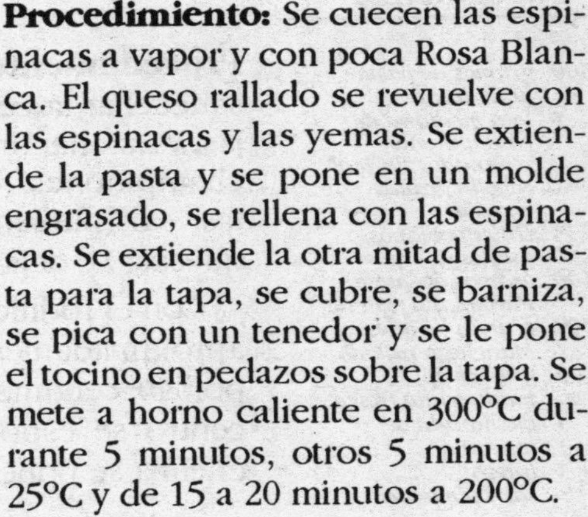

Procedimiento: Se cuecen las espinacas a vapor y con poca Rosa Blanca. El queso rallado se revuelve con las espinacas y las yemas. Se extiende la pasta y se pone en un molde engrasado, se rellena con las espinacas. Se extiende la otra mitad de pasta para la tapa, se cubre, se barniza, se pica con un tenedor y se le pone el tocino en pedazos sobre la tapa. Se mete a horno caliente en 300°C durante 5 minutos, otros 5 minutos a 25°C y de 15 a 20 minutos a 200°C.

STRUDEL DE RAJAS CON CHAMPIÑONES

INGREDIENTES

- *500 gramos de pasta hojaldrada*
- *1 lata mediana de champiñones rebanados sin jugo*
- *1 cebolla grande en rajas*
- *3 chiles poblanos asados en rajas*
- *100 gramos de queso Parmesano rallado*
- *100 gramos de queso Manchego rallado*
- *75 gramos de mantequilla fresca*
- *1 cucharada de maizena*
- *1 huevo*
- *sal y pimienta*

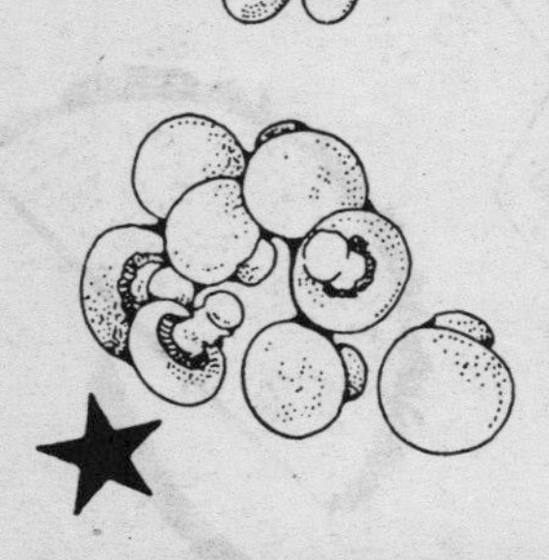

Procedimiento: En la mantequilla sancochar la cebolla. Agregar las rajas, y sazonar un poco. Se agregan los champiñones, dándoles unas vueltas; sal, pimienta, y por último los quesos. Se deja enfriar.

Con el rodillo se extiende la pasta aproximadamente de 35 de ancho por 40 centímetros de largo. En el centro se espolvorea la maizena y encima se pone el relleno.

Se toma un extremo de la pasta, poniéndolo encima del relleno a envolverlo. Se toma otro extremo de la misma, se encima a la pasta ya colocada, untando clara de huevo entre ambas para que pegue una pasta con otra oprimiendo suavemente. Las orillas se doblan un poco hacia dentro, pegándolas con clara de huevo.

Se barniza con yema, se pone en el centro del horno a 125°C por espacio de 2 a 2 y media horas.

SALSAS

SALSA ALLIOLI

INGREDIENTES

1/4 de litro de aceite de olivo
3 dientes de ajo pelados y machacados
2 yemas de huevo fresco crudo

Procedimiento: Se ponen los ajos ya pelados y molidos en un plato, y las yemas de huevo se mueven constantemente con una cuchara y sin dejar de mover se les va agregando gota a gota el aceite hasta formar una pasta espesa como mayonesa, se sazona con sal. Esta salsa es deliciosa con costillas de carnero a la parrilla o bacalao hervido.

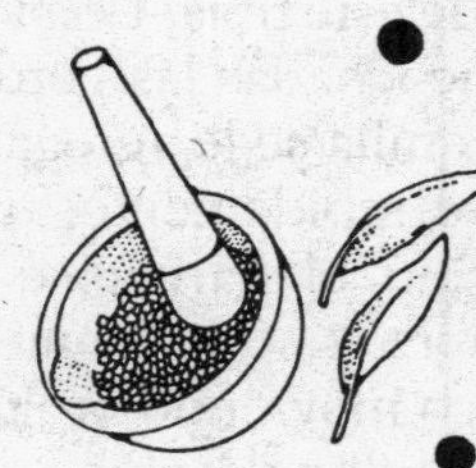

SALSA BLANCA

INGREDIENTES

2 cucharadas de mantequilla
2 cucharadas de harina cernida
2 tazas de leche o más si fuera necesaria
un poquito de nuez moscada
sal y pimienta, al gusto

NOTA: Si se hace grunos, licuar y volver a calentar.

Procedimiento: Se pone la mantequilla a derretir y se le agrega el harina sin dejar de mover, hasta que esté ligeramente dorada, se le añade la leche sin dejar de mover y poco a poco para que no se formen grumos, dejándose hervir 10 minutos hasta que la harina esté cocida pero sin dejar de mover; se sazona con la sal y la pimienta. Esta salsa se emplea en muchos platillos, o encima de verduras, pescados, etc., pero siempre se deberá servir caliente.

SALSA BECHAMEL

INGREDIENTES

1/2 cebolla mediana rallada (de preferencia poro)
3 tallos de apio picado
3/4 de litro de leche
110 gramos de mantequilla
4 cucharadas de harina
sal y pimienta blanca y nuez moscada al gusto

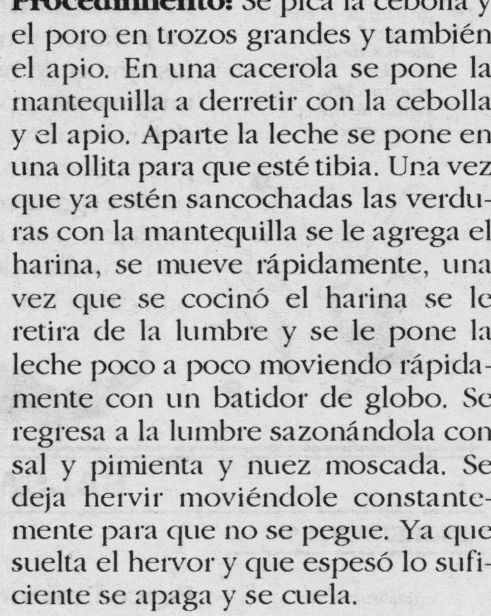

Procedimiento: Se pica la cebolla y el poro en trozos grandes y también el apio. En una cacerola se pone la mantequilla a derretir con la cebolla y el apio. Aparte la leche se pone en una ollita para que esté tibia. Una vez que ya estén sancochadas las verduras con la mantequilla se le agrega el harina, se mueve rápidamente, una vez que se cocinó el harina se le retira de la lumbre y se le pone la leche poco a poco moviendo rápidamente con un batidor de globo. Se regresa a la lumbre sazonándola con sal y pimienta y nuez moscada. Se deja hervir moviéndole constantemente para que no se pegue. Ya que suelta el hervor y que espesó lo suficiente se apaga y se cuela.

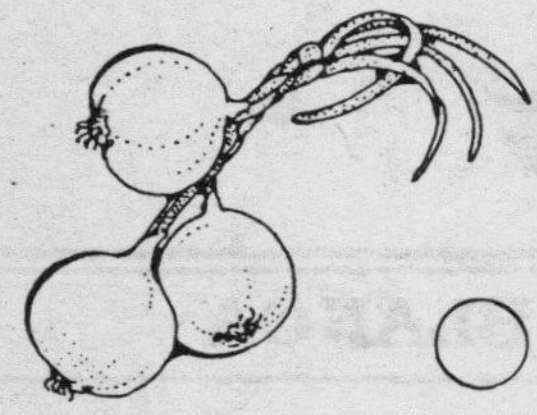

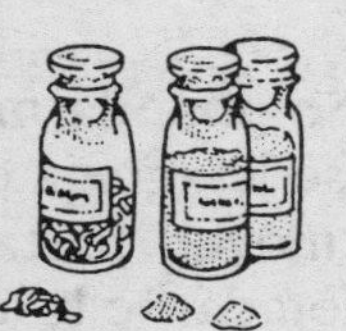

CHIMICURRI

INGREDIENTES

- 1 *taza de perejil picado fino*
- 8 *dientes de ajo picados muy finito*
- 1 *hoja de laurel entera*
- 1 1/2 *cucharada de orégano*
- 1 *vaso de vinagre*
- 1 *taza de aceite de olivo*
- *sal, pimienta y chile, al gusto*

Procedimiento: Revolver todos los ingredientes juntos, sazonar con sal, pimienta y chile. (Esta salsa dura una semana en el refrigerador.)

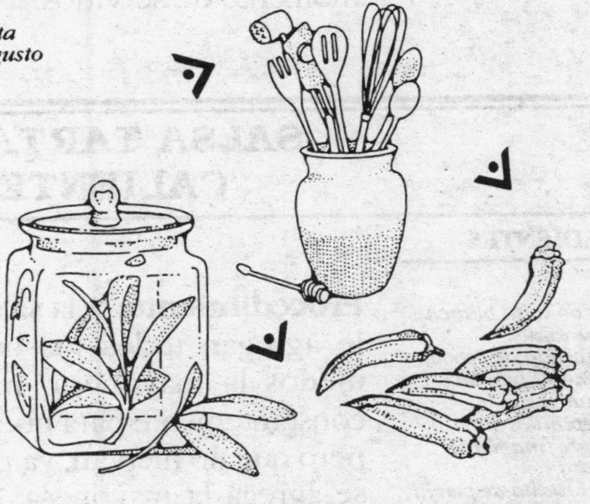

SALSA DE ALMENDRAS

INGREDIENTES

- 50 *gramos de almendras peladas*
- 2 *cucharadas de harina*
- 2 *cucharadas de mantequilla*
- 1/2 *litro de crema dulce sin batir*
- *sal y pimienta*

Procedimiento: Se muelen las almendras y se doran en la mantequilla con el harina, ya que todo está dorado se va agregando poco a poco la crema sin dejar de mover, y a fuego muy suave se sazona con sal y pimienta, sirviéndose muy caliente.

SALSA RUSA

INGREDIENTES

2 cucharadas de mantequilla
2 cucharadas de perejil finamente picado
el jugo de un limón
sal y pimienta, al gusto

Procedimiento: Se fríe el perejil en la mantequilla y ya que está refrito se retira del fuego y se le agrega el jugo de limón, la sal y la pimienta. Esta salsa se pone encima de los filetes al momento de servirlos.

SALSA TARTARA CALIENTE

INGREDIENTES

1 taza de salsa blanca preparada·
1 cucharada de cebolla finamente picada
1 cucharada de pepinillos en vinagre finamente picados
1/2 cucharadita de perejil finamente picado
1/2 cucharada de vinagre
2 cucharadas de aceitunas finamente picadas
1 cucharada de alcaparras finamente picadas
1/2 taza de mayonesa preparada

Procedimiento: A la salsa blanca se le agregan todos los ingredientes, menos la mayonesa, moviéndolos constantemente para que se caliente, pero que no hiervan, ya para servirse se agrega la mayonesa. Se sirve caliente.

SALSA BORRACHA

INGREDIENTES

4 chiles pasilla desvenados
1/2 vaso de pulque
1 diente de ajo
100 gramos de queso añejo desmoronado
sal, al gusto

Procedimiento: Los chiles después de desvenados se tuestan y se lavan muy bien y se ponen a remojar en el pulque, después de un buen rato y cuando los chiles ya se ablandaron se muelen con el ajo y el pulque en que se remojaron, sazonándose con la sal. Se pone el contenido en una salsera, encima se le pone el queso.

SALSA CASCABEL

INGREDIENTES

10 chiles cascabel
1 taza de vinagre
1/2 cucharadita de orégano molido
sal, al gusto

Procedimiento: Los chiles no se lavan, nada más se limpian con un trapo, y se muelen en la licuadora con los demás ingredientes, ya estando todo bien molido se guarda en una botella y puede durar hasta un mes.

SALSA ANCHA

INGREDIENTES

5 chiles anchos secos
200 gramos de queso Gruyère o Chihuahua, rallado
1 cebolla grande, finamente rebanada
un ramito de hierbas de olor
aceite de olivo y vinagre, el necesario
sal, la necesaria

Procedimiento: Los chiles se lavan, se les quitan las semillas y se cortan a lo largo con tijeras. En una cacerola se pone el aceite y ya caliente se acitrona la cebolla, ya que está transparente se le agregan los chiles y se dejan sancochar un rato más, luego se les agrega el vinagre, el ramito de hierbas, la sal y el queso y se dejan cocinar a fuego suave unos 15 minutos. El queso Gruyère se puede sustituir por queso fresco o añejo. Al servirse se le quitan las hierbas de olor. Debe quedar seca y fría.

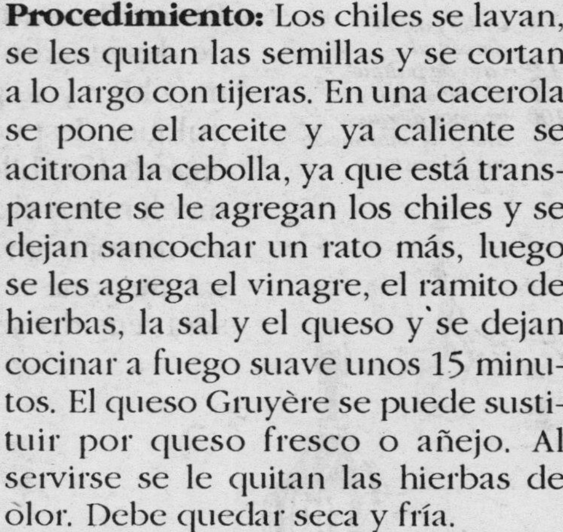

SALSA DE TOMATE VERDE

INGREDIENTES

12 tomates verdes pelados
4 chiles serranos
una rama de cilantro
un pedazo de cebolla
sal, al gusto

Procedimiento: Los tomates y los chiles se ponen a hervir un rato, ya que están cocidos aproximadamente 10 minutos, se escurren y se muelen junto con el cilantro y la cebolla, se sazona con la sal. Esta salsa es fría.

SALSA DE TOMATE VERDE CON AGUACATE

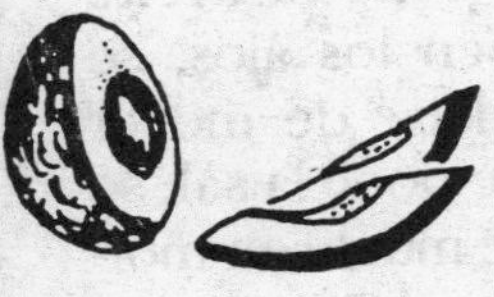

Procedimiento: Se hace exactamente igual que la anterior, nada más que se le agrega uno o dos aguacates pelados y que se dejarán un rato en agua fría para que no se pongan negros.

SALSA FRIA

INGREDIENTES

- 4 *chiles anchos desvenados*
- 2 *cucharadas de perejil finamente picado*
- 1 *cebolla rabanada, muy delgadita*
- *aceite de olivo y vinagre, el necesario*
- *sal, al gusto*

Procedimiento: Los chiles anchos, ya desvenados se limpian con un trapo húmedo y se cortan en tiritas delgadas, se ponen en una fuentecita honda y se cubren con agua fría y una poquita de sal, ahí se dejan desflemar unos 20 minutos, luego se escurren y se ponen en otra salsera, se les pone la cebolla, el aceite y el vinagre, se sazonan con una poca más de sal si es necesario, y al final el perejil, se revuelve todo muy bien y se deja reposar una media hora.

SALSA MACHA

INGREDIENTES

100 gramos de chile serrano seco
50 gramos de dientes de ajo
1 cucharadita de sal
2 cucharaditas de aceite

Procedimiento: Se pone el aceite en una sartén, se fríen los ajos, se agrega el chile sin dejar de mover hasta que truene, se le pone la sal, se saca de la lumbre y se muele en molcajete, licuadora o Food Process se guarda en un frasco y dura muchos días.

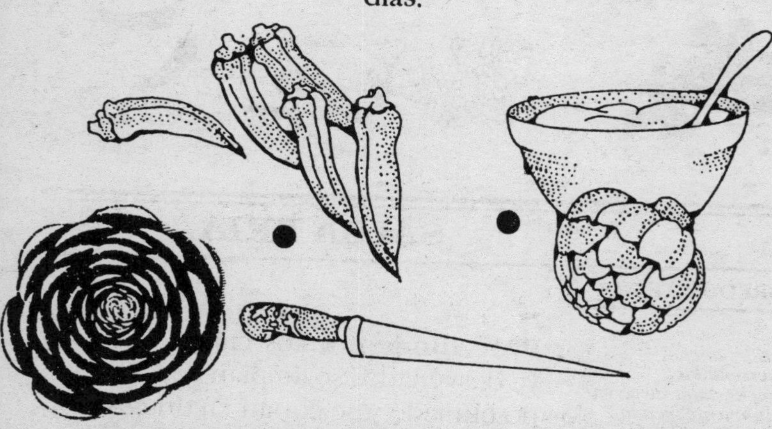

SALSA CALIENTE

INGREDIENTES

50 gramos de chile serrano seco
2 jitomates rojos
2 dientes de ajo
2 cucharaditas de aceite
sal

Procedimiento: Se doran un poco en aceite el ajo y chile, se sacan. El jitomate se asa y pela. Se muelen los ingredientes todos juntos. Se fríen nuevamente, a que sazone bien y se sirve caliente.

SALSA DE CILANTRO

INGREDIENTES

1/2 manojo de cilantro
2 jitomates grandes crudos
10 chilitos verdes serranos
1 cebolla regular
1 cucharadita de consomé de pollo
sal, al gusto

Procedimiento: Se muele en la licuadora todo en crudo y en una sartén con aceite se fríe esto a fuego suave, hasta que encima se vea la grasa. Se sirve caliente.

SALSA PASILLA

INGREDIENTES

6 tomates de cáscara
5 chiles pasilla
2 dientes de ajo
sal, al gusto

Procedimiento: Se asan los chiles, ya desvenados, y se ponen a remojar en agua hirviendo unos 10 minutos; los tomates cocidos, los ajos y los chiles se muelen en la licuadora con una cucharadita de polvo de consomé. Se pone aceite en una sartén y se fríen a fuego lento.

SALSA DE PEREJIL

INGREDIENTES

- 1 *ramo de regular tamaño de perejil*
- 1/2 *bolillo remojado en vinagre*
- 1 *o 2 tazas de caldo de pollo*
- *sal y pimienta, al gusto*

Procedimiento: Se muelen en la licuadora el perejil lavado, y el pan remojado en vinagre, luego se le agrega el caldo y se pasa todo esto por un colador. Esta salsa es ideal para pescados, se pone encima y se deja cocer, o sobre costillas de carnero.

NOTA: Esta salsa siempre se debe de cocinar.

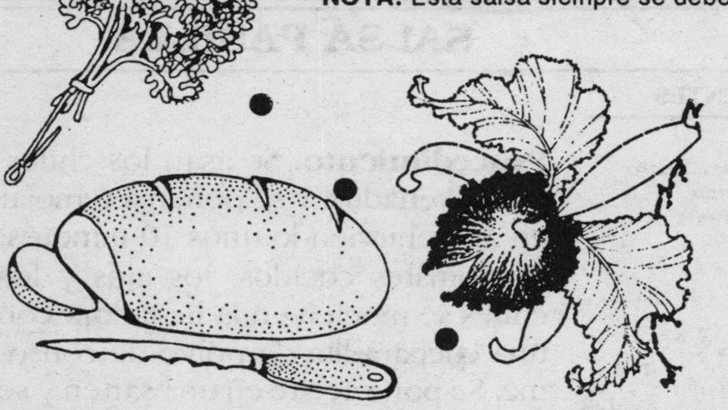

SALSA ROMANA

INGREDIENTES

- 1 *taza de mayonesa*
- 2 *cucharadas de agua fría*
- 2 *cucharadas de perejil, finamente picado*
- 4 *pepinillos en vinagre finamente picados*
- *sal y pimienta, al gusto*
- *un chorrito de vinagre*

Procedimiento: La mayonesa se adelgaza con el agua, si todavía estuviera muy espesa se le puede añadir un poco más de agua, se le agrega el vinagre, el perejil y los pepinillos, todo se mezcla y se sazona con la sal y la pimienta.

ENSALADAS

ENSALADA A LA FRANCESA

INGREDIENTES

1 *kilo de champiñones (blancos frescos)*
1 *coliflor grande*

ADEREZO

1 *lata de anchoas*
2 *cucharadas de salsa inglesa*
1 *cucharada de consomé en polvo*
Jugo de un limón
Aceite de olivo suficiente
Pimienta negra, al gusto

Procedimiento: Desinfectar y picar finamente los champiñones y la coliflor. El aderezo se hace mezclando muy bien todos los ingredientes. Revolver perfectamente a la hora de servir.

ENSALADA ALEMANA

INGREDIENTES

6 *papas*
4 *huevos*
1 *frasco chico de pepinos dulces*
2 *cebollas*
1 *frasco mediano de mayonesa*
paprika al gusto
Sal, pimienta

Procedimiento: Se ponen a cocer las papas con cáscara. Cuando están cocidas y peladas, se parten en rodajas, acomodándolas en un platón. Se les agrega la cebolla picada, los pepinos y huevo picado, mayonesa, sal y pimienta. Se mezcla todo adornándolo con la paprika.

ENSALADA BARONESA

INGREDIENTES

- 1 *lata de piña en almíbar*
- 150 *gramos de uvas*
- 1 *trocito de apio*
- 2 *pimientos morrones*
- 1/4 *de litro de crema*
- 1 *bote de queso cottage*
- 100 *gramos de nueces picadas*
- 1 *cucharadita de mostaza*

Procedimiento: Bien escurridas las rebanadas de piña se cortan en trocitos. Las uvas y los pimientos se pelan, el apio y las nueces se pican finamente. El queso se desbarata revolviéndolo con la crema, se sazona con sal y mostaza; a esto se le revuelve todo menos la nuez y la mitad de las uvas. Sírvase en un platón de cristal y adórnese con la nuez y uvas restantes.

ENSALADA IMPERIAL

INGREDIENTES

- 1 *lechuga*
- 1 *taza de cebollitas de Cambray cocidas*
- 1 *taza de chícharos*
- 1 *taza de aceitunas picadas*
- 5 *aguacates*
- 1/2 *taza de aceite*
- 1/2 *taza de vinagre, sal y pimienta*
- 3 *cucharadas grandes de mostaza*

Procedimiento: Se pica la lechuga lo más finamente posible, se mezcla con los aguacates pelados y picados, las aceitunas, las cebollitas de Cambray cocidas, los chícharos, sal y pimienta. Se hace una salsa con el aceite, el vinagre y la mostaza, con ella se bañan las verduras.

ENSALADA CESAR I

INGREDIENTES

- 1 *lechuga orejona*
- 1 *lata de anchoas en filete*
- 3 *cucharaditas de salsa inglesa*
- 2 *cucharaditas de jugo Maggi*
- 1 *huevo pasado por agua (un minuto)*
- 1/2 *cucharadita de mostaza*
- 100 *gramos de queso Parmesano*
- 1/4 *taza de aceite de oliva*
- 2 *bolillos rebanados y fritos*
- *el jugo de 3 limones*

Procedimiento: La lechuga se lava muy bien, hoja por hoja y se deja en agua desinfectando durante 30 minutos. En una ensaladera machucar con el tenedor las anchoas. Añadir todos los demás ingredientes menos el queso y los bolillos. Escurrir la lechuga y revolverla muy bien con la salsa, añadirle un poco de queso y revolverla. Al final se le añade el queso y los bolillos, ya sin revolver.

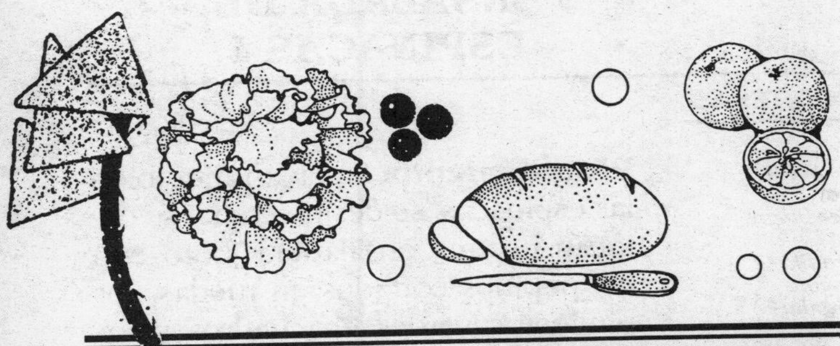

ENSALADA DE BROCCOLI

INGREDIENTES

- 500 *gramos de bróccoli*
- 75 *gramos de queso amarillo*
- 50 *gramos de queso Manchego*
- 1/4 *de crema*

Procedimiento: Cocer el bróccoli en agua con sal, cuando se haya enfriado poner en una sartén al fuego y agregar los quesos y la crema a que todo se mezcle bien. Servir como guarnición.

COLIFLOR EN SALSA VINAGRETA

INGREDIENTES

1 *coliflor*
1/2 *taza de aceite de olivo*
2 *cucharadas de vinagre*
sal, al gusto
1 *pieza de pimiento rojo*
1 *huevo cocido*
1 *cucharada de perejil picado*

Procedimiento: Mezclar el aceite, vinagre, sal, perejil en un vaso cerrado y agitar. Picar el huevo cocido y agregar. Mezclar suavemente y servir enseguida sobre la coliflor previamente cocida, estando ésta aún caliente, para que se sazone bien.

ENSALADA DE ESPINACAS I

INGREDIENTES

1/2 *taza de aceite de olivo*
1/2 *taza de vinagre de vino*
1 *cucharadita de pimienta*
1 *cucharadita de azúcar*
1 *cucharadita de paprika*
6 *cucharaditas de salsa catsup*
4 *dientes de ajo*
1 *cucharadita de salsa inglesa*
1/4 *cucharadita de mostaza*
1 *cucharadita de consomé*
1 *kilo de espinacas*
2 *pepinos*
2 *pimientos verdes*
250 *gramos de champiñones crudos o de lata*

Procedimiento: Se lavan muy bien las espinacas, se desinfectan y se colocan en una ensaladera junto con los pepinos cortados en ruedas, los pimientos verdes en cuadros y los champiñones. El resto de los ingredientes se licua. Se bañan las verduras con el aderezo, se incorpora todo muy bien. Por último (ya para servir) se revuelve el tocino con todo y la grasa. Se espolvorea con el ajonjolí tostado.

ENSALADA DE ESPINACAS II

INGREDIENTES

- 500 gramos de espinacas crudas rebanadas
- 250 gramos de coliflor sin tronco en trocitos
- 250 gramos de col blanca rebanada delgada
- 1/2 cebolla rebanada
- 2 limones exprimidos
- 1 diente de ajo molido
- 1 cucharadita de Maggi
- 1 cucharadita de salsa inglesa
- aceite de olivo, al gusto
- pimienta y sal, al gusto

Procedimiento: Se lavan, desinfectan 20 minutos y escurren las espinacas, coliflor y col, y se agrega la cebolla; se deja en el refrigerador unos minutos a que esté bien fría. En un recipiente hondo mezcle el aceite de olivo, limones, ajo, salsas Maggi e inglesa, pimienta y sal. Agréguelos a las verduras a la hora de servirlas.

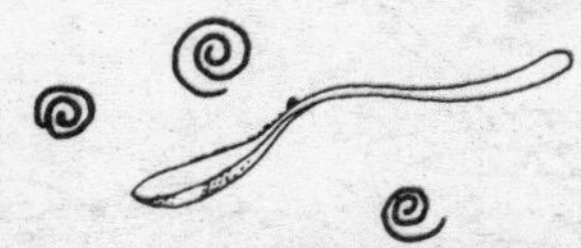

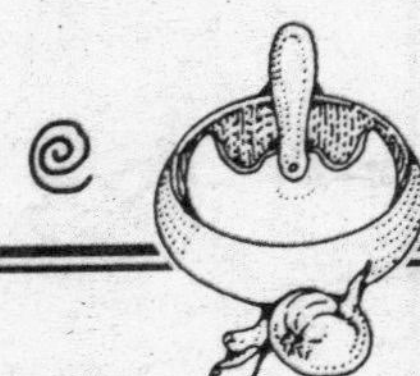

ENSALADA DE ESPINACAS III

INGREDIENTES

- 1 kilo de espinacas
- 300 gramos de tocino frito y picado
- 1/2 tubo de pasta de anchoas
- 2 limones
- 1 cucharadita de salsa inglesa
- 1 cucharadita de salsa Maggi
- 1 cucharadita de bovril
- 1 cucharadita de grasa del tocino
- aceite de olivo, al gusto
- sal y pimienta
- queso Parmesano, al gusto (rallado)

Procedimiento: Se lavan las hojas de las espinacas muy bien, se les da una ligera picada. Se hace la salsa con todos los ingredientes. Esto se le agrega a las espinacas y se revuelve muy bien y por último se le agrega el tocino y el queso Parmesano molido. Pruebe antes de ponerle sal, si le falta agregue un poco.

ENSALADA DE CEBOLLA

INGREDIENTES

- *1 docena de cebollas de rabo, mediana*
- *5 cucharadas de aceite de olivo*
- *1 granada roja*
- *1/2 taza de vinagre*
- *una poca de pimienta blanca*

Procedimiento: Poner a cocer las cebollas con todo y rabo en agua de sal. Dejarlas sólo suavizar y sacarlas. Se deshojan y acomodan en un platón, se bañan con el aceite y el vinagre espolvoreándoles la pimienta y se adorna con los granos de la granada.

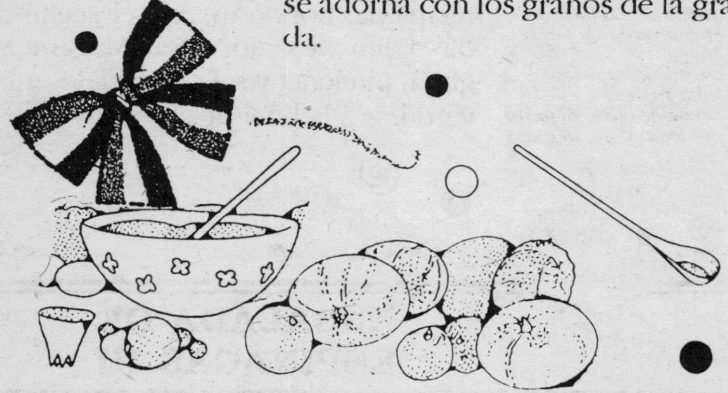

ENSALADA DE JITOMATE

INGREDIENTES

- *5 jitomates duros, rojos, rebanados en ruedas de un centímetro de ancho*
- *orégano, aceite de oliva*
- *2 limones*
- *sal y pimienta*
- *1 cebolla rebanada en ruedas delgaditas*

Procedimiento: Se acomoda en una ensaladera redonda y baja una capa de jitomate, una de cebolla y un poquito de aderezo, luego otra capa de jitomate, otra de cebolla y aderezo; hasta terminar con todos los ingredientes y dejar enfriar en refrigerador.

ENSALADA DE BETABEL

INGREDIENTES

- 500 *gramos de betabel cocido y picado*
- 1 *lata de piña picada y escurrida*
- 1 *lata de elote escurrido*
- 500 *gramos de crema espesa*
- 2 1/2 *cucharaditas de azúcar*

Procedimiento: Revolver todos los ingredientes.

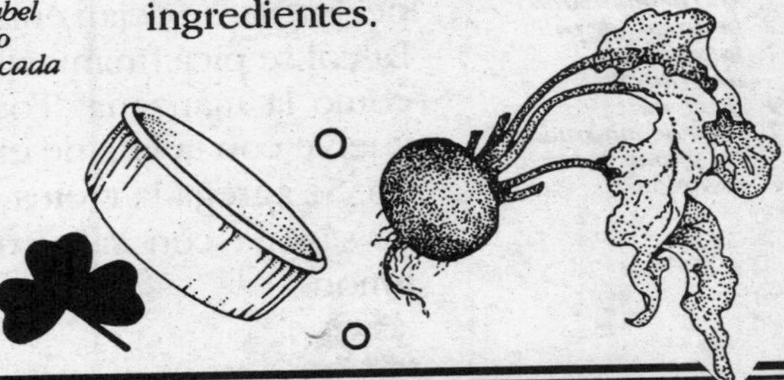

ENSALADA DE COLORES

INGREDIENTES

- 250 *gramos de verdolagas deshojadas*
- 250 *gramos de espinacas sin rabo*
- 2 *betabeles cortados en tiras delgadas de 2 cms. (crudo)*
- 2 *zanahorias en rodajas muy delgadas (crudas)*
- 2 *calabacitas en rodajas muy delgadas*
- 10 *cebollas de rabo (crudas) partidas en 4 partes a lo largo*
- 1/4 *de col blanca chica en rajas delgadas*
- 1/4 *de col chica morada, en rajas delgadas*
- 2 *jitomates pintones en cuadros*
- 4 *limones*
- 2 *dientes de ajo*
- 2 *cucharadas de salsa Maggi*
- 2 *cucharadas de salsa de soya*
- *aceite de olivo, al gusto*
- *sal y pimienta, al gusto*

Procedimiento: Se lava, desinfecta y escurre la verdolaga, la espinaca, la col blanca, col morada, durante 20 minutos, luego se prepara un aderezo con el aceite de olivo, limones, sal y pimienta, ajos molidos, salsas Maggi e inglesa y soya. Se mezclan en un recipiente todas las verduras bien secas y se les agrega el aderezo a la hora de servir.

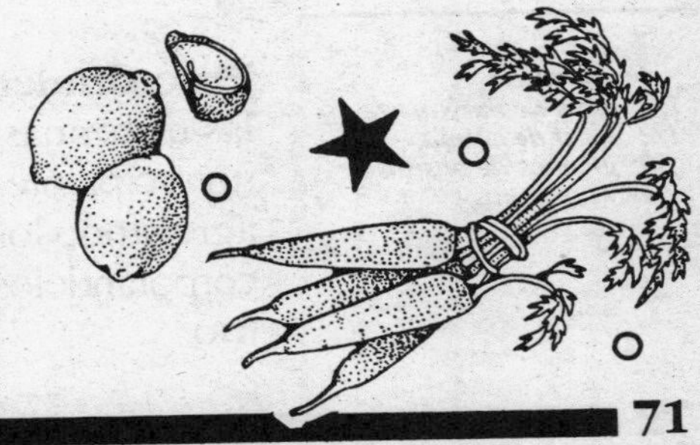

ENSALADA DE COL

INGREDIENTES

- 1 *col chica*
- 1 *kilo de manzana*
- 2 *pechugas de pollo*
- 1 *lata de elote desgranado*
- 1/4 *de crema*
- 1 *taza de mayonesa sal y unas gotas de limón*

Procedimiento: Poner a cocer las pechugas, se dejan enfriar y se pican. La col se pica finamente en crudo así como la manzana. Todo esto se revuelve con la lata de elote desgranado. Se agrega la crema, la mayonesa, se sazona con sal y unas gotas de limón.

ENSALADA DE COL DULCE

INGREDIENTES

- 1 *col chica*
- 1/2 *taza de mayonesa*
- 1/2 *taza de crema*
- 50 *gramos de pasitas*
- 4 *manzanas*

Procedimiento: Rallar la col, pelar las manzanas y cortarlas en trozos. En un recipiente mezclar col y manzanas, agregando los demás ingredientes, incorporándolos perfectamente. Servir en frío.

ENSALADA DE ELOTE

INGREDIENTES

- 2 huevos cocidos
- 4 latas de elote
- 1 lata de piña picada
- 1/2 litro de crema fresca
- 1 taza de nuez picada
- 1 frasco chico de mayonesa

Procedimiento: Se revuelven todos los ingredientes, se acomodan en un platón y se adornan con huevo cocido. Las yemas se pasan por el colador, las claras se parten en tiras, con esto se adorna el platón.

ENSALADA DE LECHUGA CON QUESO

INGREDIENTES

- 1 lechuga lavada, desinfectada y partida en trozos
- 1 chile verde picado fino
- 1 diente de ajo molido
- 50 gramos de queso Parmesano
- 1 cucharadita de Maggi
- 2 limones
- aceite de olivo, al gusto
- pimienta y sal

Procedimiento: Una vez seca la lechuga se deja en el refrigerador unos minutos para que esté bien fría. En un recipiente se mezclan todos los demás ingredientes (dejando un poco de queso para adornar) y se agregan a la lechuga, luego se espolvorea con el resto del queso.

ENSALADA VEGETARIANA

INGREDIENTES

- 1/2 *taza de frijol de soya germinado*
- 1/2 *taza de alfalfa germinada*
- 1 *lechuga picada*
- 1/2 *taza de jícama picada*
- 1/2 *taza de berros*
- 1 *taza de perejil picado finamente*
- 1 *taza de cebollitas de Cambray picadas*
- 1/4 *de taza de ajonjolí tostado*

VINAGRETA

- 1 *taza de aceite de olivo*
- 1/2 *taza de jugo de limón*
- 2 *cucharadas de mostaza*
- 3 *cucharadas de salsa de soya*
- 1 *cucharada de pimienta negra molida*
- 1 *cucharada de azúcar morena*
- 4 *dientes de ajo molidos*

Procedimiento: Se mezclan todos los ingredientes de la vinagreta. Se meten al refrigerador durante 2 horas. Cuando se vaya a servir se mezcla en la licuadora la vinagreta con lo siguiente: 1 taza de yogurt, 1 taza de crema natural, 1 taza de queso Cottage, 1/3 de taza de limón, sal y pimienta, al gusto. Se baña la verdura a la hora de servirse.

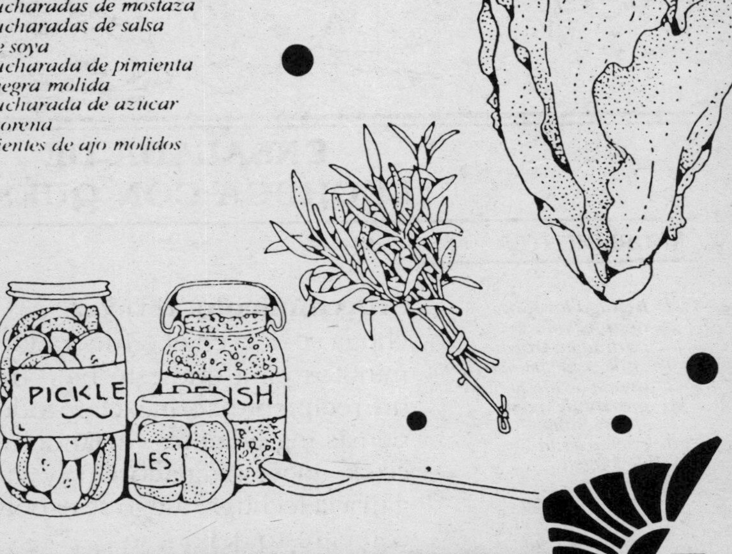

ENSALADA VERDE

INGREDIENTES

200 gramos de verdolaga
500 gramos de apio
100 gramos de berro
1 lechuga chica
2 jitomates verdes
1 cebolla chica
2 pepinos
2 calabazas
500 gramos de bróccoli
20 puntas de espárragos verdes
1/4 de coliflor
3 zanahorias
2 pimientos verdes
2 pimientos rojos

INGREDIENTES PARA EL ADEREZO

15 hojas de hierbabuena
1 chile verde sin semilla
2 dientes de ajo
5 limones
aceite de olivo, al gusto
sal, pimienta

Procedimiento: Lave y desinfecte previamente todas las verduras y prepare de la siguiente manera: La verdolaga se deja con tallo pequeño. El apio picado. El berro con tallo fino. Lechuga en trozos. Jitomates en gajos. Calabazas en ruedas gruesas. Bróccoli en tallo pequeño. Puntas de espárragos. La coliflor en puntas. Zanahorias en ruedas gruesas. Cebolla en medias lunas delgadas. Pepinos en ruedas. Pimientos en cuadros. Todo se coloca en una ensaladera.

Aderezo: En un molcajete se muelen las hojas de hierbabuena con el ajo, chile, sal y pimienta; se agregan los limones y se revuelve bien. Ya para servirse se incorporan aderezo y aceite de olivo, y se mezclan en las verduras.

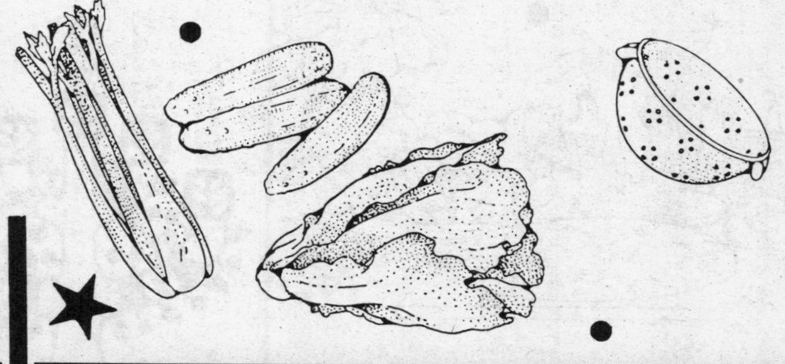

ENSALADA DE NAVIDAD

INGREDIENTES

- 6 *ramas de apio en trozos*
- 3 *chiles morrones verdes en trozos*
- 3 *jitomates partidos en trozos*
- 1/2 *cebolla en rajas*
- 2 *ramilletes de perejil picado grueso*

INGREDIENTES DEL ADEREZO

- 1 *ajo molido (diente)*
- 2 *limones*
- 1 *cucharadita de Maggi*
- 1 *cucharadita de salsa inglesa*
- *aceite de olivo*
- *Sal y pimienta*

Procedimiento: Todos los ingredientes se mezclan en un recipiente y se enfrían en refrigerador unos minutos. Con un recipiente hondo mezcle los ingredientes del aderezo y añádalos a las verduras al momento de servir.

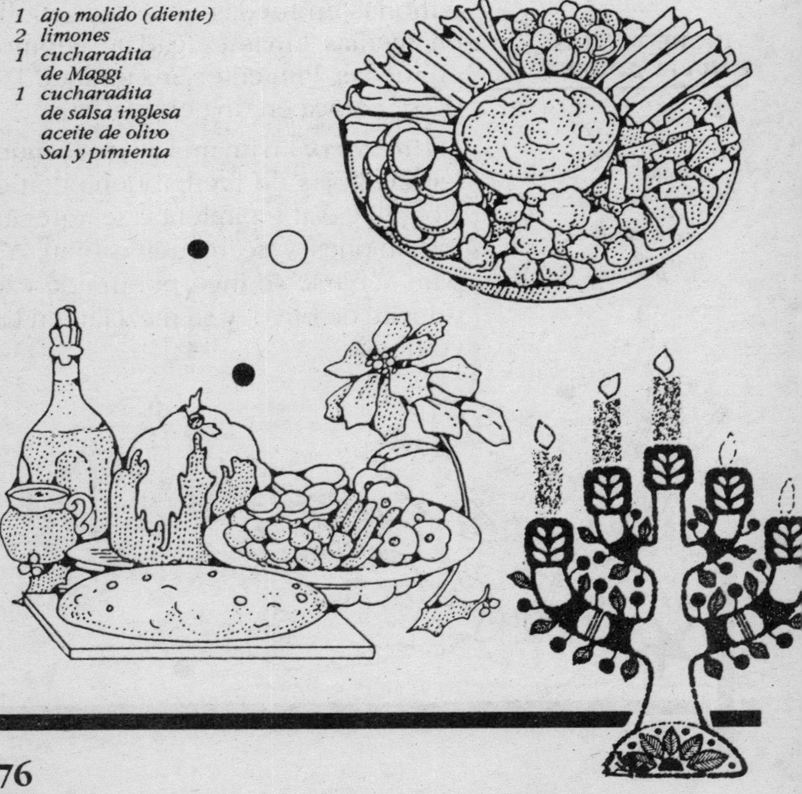

PLATILLOS DIVERSOS y VERDURAS

CHOW MAIN

INGREDIENTES

- *3 cucharadas de salsa de soya*
- *8 tallos de apio rebanado*
- *1 jicama (o)*
- *4 castañas*
- *2 cebollas rebanadas*
- *1/2 kilo de bróccoli en ramitos*
- *1 pimiento verde rebanado*
- *1/2 kilo de acelga picada*
- *1 taza de col rebanada*
- *2 tazas de champiñones picados*
- *1 taza de agua con una cucharada de maizena*
- *2 tazas de arroz cocido o spaguetti estilo chino*
- *2 cucharadas de aceite de olivo*

Procedimiento: En una sartén grande se pone el aceite, se fríe ligeramente la cebolla, apio, pimiento, luego se añaden todas las verduras, menos los hongos, se baja el fuego y se deja hervir durante 10 minutos. Se añaden los champiñones junto con el agua, maizena y salsa de soya, se tapa y se deja hervir 10 minutos más.

Aparte se calienta el arroz, se sirve y sobre él se ponen las verduras cocidas.

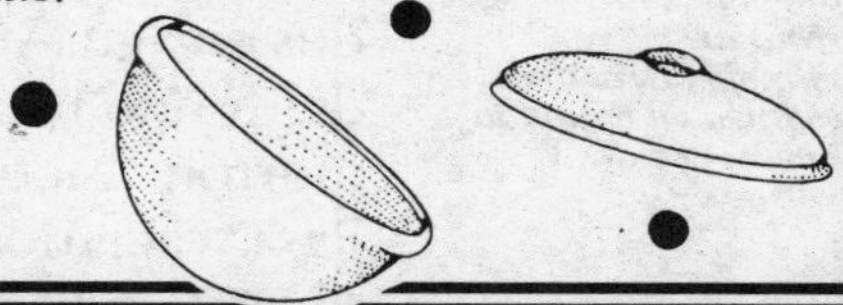

VEGETALES ESTILO CHINO

INGREDIENTES

- *1/2 taza de mantequilla derretida*
- *1/2 taza de cebolla picada*
- *3 tazas de col rebanada gruesa*
- *1 pimiento verde picado*
- *1 taza de apio cortado al sesgo*
- *1 taza de zanahoria rebanada delgada*
- *1 cucharada de Rosa Blanca*
- *2 cucharadas de salsa tipo inglesa o de soya*
- *sal y pimienta al gusto*

Procedimiento: Ponga en una cacerola (tapada) la mantequilla, los vegetales, y la Rosa Blanca a fuego suave. Deje cocer durante 10 minutos. Agregue la salsa tipo inglesa dejando hervir moderadamente hasta que esté cocido. Revuelva con mucho cuidado sin dejar que se seque o desbarate. Sirva caliente.

DELICIAS DE AGUACATE

INGREDIENTES

400 gramos de pulpa de aguacate
400 gramos de queso crema
200 gramos de jamón
60 gramos de grenetina
1 lata de chiles morrones
1 cebolla mediana picada
20 aceitunas
Sal y pimienta, al gusto

PARA ADORNAR

4 jitomates para rebanar
1 manojo de rábanos
1 lechuga en ensalada
4 huevos cocidos

Procedimiento: Picar el jamón, cebolla, morrones y aceitunas. Pasar el queso por un prensador de papa. La pulpa del aguacate se deshace bien, con una palita de madera, para que no se ponga negro; aumentarle lo picado, ponerle sal y pimienta. Se le agrega la grenetina ya remojada y además una taza de agua tibia; revolver bien y vaciarlo en moldecitos individuales, mojados en agua y poniéndoles al centro del fondo un pedacito de pimiento morrón. Meterlos al refrigerador. Para vaciarlos se pasan por agua tibia. Cuando se vacían colocarlos en un platón sobre una cama de lechuga, rebanadas de jitomate, rebanadas de huevo y rabanitos.

SOUFFLE DE CALABAZA

INGREDIENTES

1 *kilo de calabaza*
500 *gramos de jitomate*
250 *gramos de jamón picado*
200 *gramos de queso añejo*
5 *huevos*
ajo y cebolla, al gusto
pan molido
sal y pimienta
mantequilla

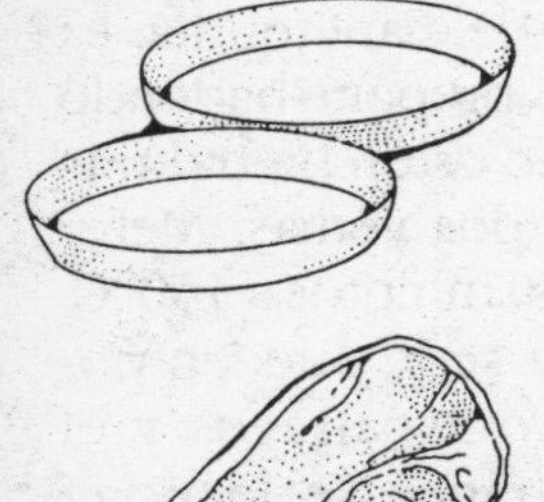

Procedimiento: Se cuecen las calabazas cortadas en cuadritos. Por separado se fríe en aceite el ajo, cebolla y jitomate pelado y picado, se sazona con sal y pimienta. Una vez hecho esto, se revuelven los huevos y se agregan enseguida, las calabacitas y se revuelven nuevamente.

En un molde refractario previamente engrasado, se coloca una parte de lo anterior; una capa de jamón, una capa de queso añejo, otra de calabacitas y por último, pan molido espolvoreado y trocitos de mantequilla. Se hornea por espacio de media hora.

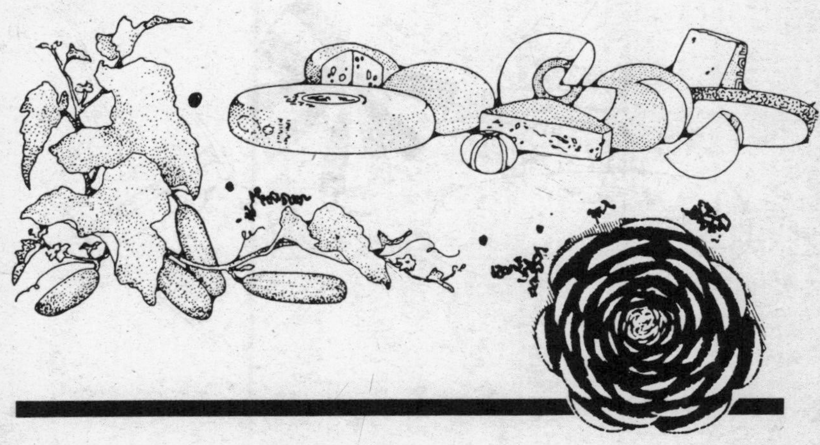

SOUFFLE DE QUESO

INGREDIENTES

- 1 *pan de caja grande rebanado (sin orilla)*
- 10 *huevos*
- 1/4 *de queso amarillo Kraft*
- 1/2 *litro de crema*
- 250 *gramos de mantequilla*
- *sal y pimienta*

Procedimiento: En la licuadora moler bien 8 huevos, el queso, sal y pimienta, se vierte en un recipiente y se le agrega la crema. Engrasar un refractario.

Derretir la mantequilla. Poner en el refractario una capa de pan mojado en la crema y luego, la mitad de la mantequilla derretida, después otra capa de pan y otra de mantequilla. La capa de arriba se prepara batiendo dos claras y cuando estén bien duras se les agregan las dos yemas. Meter al horno por 30 o 40 minutos a 150°C. En la primera capa se le pueden poner champiñones o espárragos y el jugo de los espárragos se le pone encima.

BUDIN DE ESPARRAGOS

INGREDIENTES

- 1 *paquete de pan de caja grande rebanado*
- 1 1/2 *tazas de crema*
- 1 *lata de espárragos grande*
- 200 *gramos de jamón cocido picado*
- 200 *gramos de queso Gruyére rallado*
- *sal y pimienta*

Procedimiento: Quitar las orillas al pan y cada rebanada se parte en dos. A los espárragos se les quita las puntas y las colas, se muelen en la licuadora con agua y crema. Sazonar con sal y pimienta.

Engrasar un molde refractario con mantequilla. Las rebanadas de pan se remojan en la salsa y se van acomodando en el platón. Poner una capa de pan, una de puntas de espárragos, una de jamón y queso y así sucesivamente hasta terminar con crema y queso. Meterlo al horno precalentado a 180°C durante unos 25 minutos.

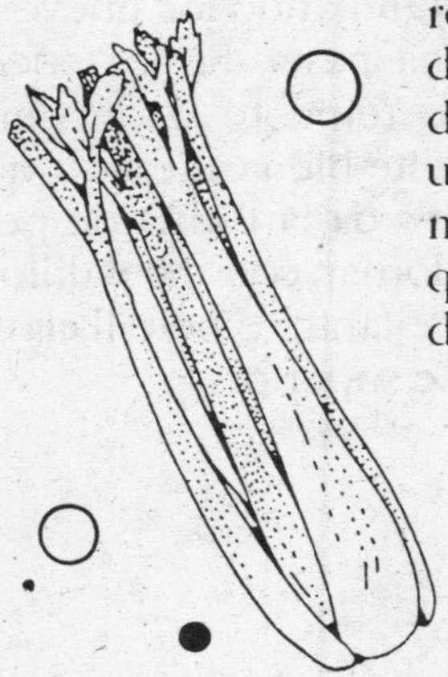

BOLAS DE PAPA DUQUESA

INGREDIENTES

1 1/2 *kilo de papa amarilla*
100 *gramos de queso Chihuahua*
150 *gramos de galletas saladas*
3 *huevos*
sal, pimienta y nuez moscada, al gusto

Procedimiento: Cocer las papas con sal, después de cocidas pelarlas y prensarlas haciendo un puré. Moler las galletas saladas en la licuadora a que queden como polvo, agregar el puré, el queso rallado, la sal, pimienta y nuez moscada; revolverlo bien todo, se van agregando los huevos a que quede una pasta. Se les puede dar forma de tejocote o de pera. Freírlas en aceite bien caliente a que doren. Si se les da la forma de pera se pueden adornar con un palillo y una ramita de cilantro o perejil clavados en la parte superior.

CHAYOTES RELLENOS

INGREDIENTES

5 chayotes
1 taza de nata
2 jitomates asados y pelados
1/2 cebolla
1 cucharada de consomé en polvo
200 gramos de queso Manchego rallado
sal y pimienta

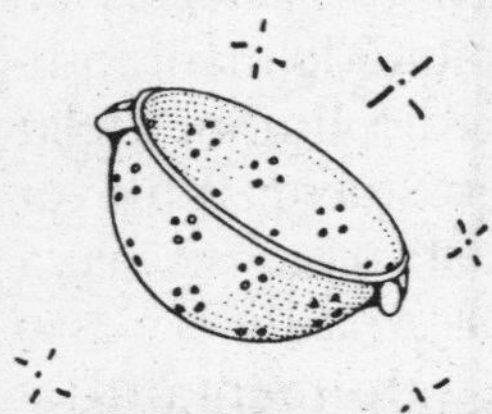

Procedimiento: Los chayotes se parten por la mitad y se cuecen. Se les saca la pulpa. Se fríe la cebolla picada, se agrega el jitomate también picado, enseguida la pulpa del chayote, se deja secar un poco, sazonándose con sal y pimienta, por último la nata. Se revuelve bien y se apaga. Se rellenan los chayotes, se espolvorean con bastante queso y se meten a gratinar a horno suave.

BROCCOLI CON QUESO

INGREDIENTES

1 kilo de bróccoli
3/4 de taza de vino blanco seco
1/2 kilo de queso Chédar

Procedimiento: Lave el bróccoli. Retire la parte gruesa de los tallos. Póngalos a hervir en agua caliente con sal. Déjelos a fuego suave hasta que estén cocidos (unos 40 minutos según lo tierno que estén). Retírelos del agua y póngalos a escurrir, colóquelos en un traste refractario engrasado. Aparte ralle el queso y póngalo a fuego suave con el vino, moviendo lentamente sin cesar hasta que se disuelva. Viértalo sobre el bróccoli y métalo al horno 10 minutos o hasta que dore.

CHAMPIÑONES SALTEADOS

INGREDIENTES

- 1 *kilo de champiñones*
- 125 *gramos de mantequilla*
- 1 *cucharadita de ajo en polvo*
- 3 *cucharadas de perejil picado*
- 2 *limones*
- *sal y pimienta*

Procedimiento: Escoger champiñones que no sean muy grandes; cortarles la parte terrosa del pie, ponerlos en agua con jugo de limón durante unos minutos. Lavarlos dos veces, escurrirlos y enjuagarlos. Ponerlos en una sartén con la mitad de mantequilla y el jugo de medio limón. Dejar que cuezan a fuego suave; remover con frecuencia hasta que se haya evaporado el agua. Añadir el resto de la mantequilla; salpimentar, dejar que los champiñones se doren a fuego lento hasta que estén cocidos, pero sin que se dore la mantequilla. Servir espolvoreados con el perejil y ajo.

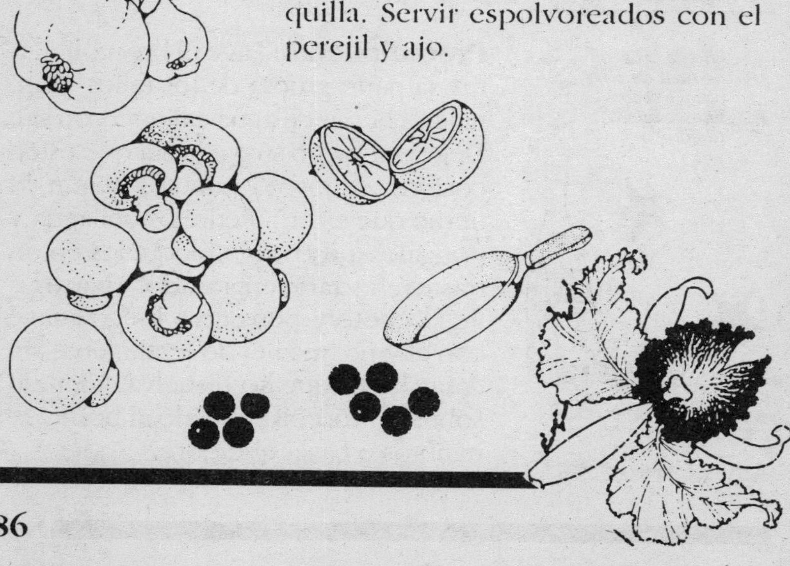

COLIFLOR AL GRATIN

INGREDIENTES

1 *coliflor*
1 *taza de queso rallado revuelto con migas de pan*

PARA LA SALSA BLANCA

1 *cucharada de harina*
3 *cucharadas de mantequilla*
1/2 *litro de leche*
una pizca de pimienta blanca
una pizca de nuez moscabada
sal

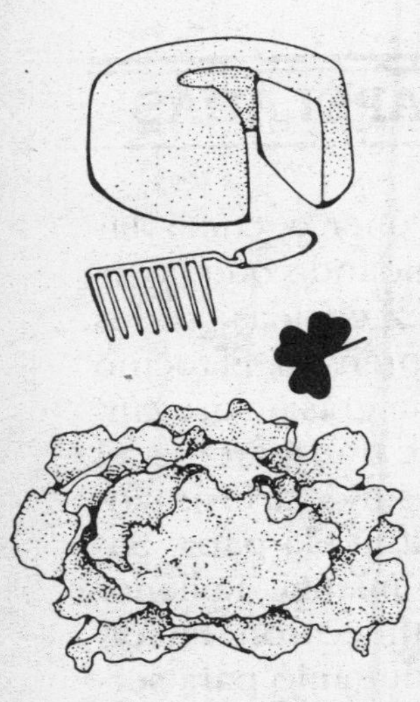

Procedimiento para hacer la salsa: Derrita la mantequilla con un poco de cebolla picada, acitronándola. Se agrega el harina, evitando que se pegue, hasta que se impregne bien, se añade la leche sin dejar de remover, a que hierva unos 5 minutos, se cuela sobre la coliflor. Antes, añadir sal, pimienta blanca y nuez moscabada.

Preparación de la coliflor: Quítele las hojas y la base dura a la coliflor, lávela bien. Déjela entera o divídala en florecitas, cocínela tapada en muy poca agua hirviendo, sin sal; o destapada en agua hirviendo que la cubra. Escurra la coliflor cocinada y colóquela en una fuente de hornear; viértale la salsa blanca ligera; espolvoréela con migas de pan mezcladas con el queso rallado. Dórela en el horno a temperatura moderada (176°C o 350°F) por 15 minutos.

ACELGAS EN ROLLITOS

INGREDIENTES

12 hojas de acelgas grandes
1/2 taza requesón de o queso cottage
1 taza de zanahoria rallada
1 taza de salsa de jitomate
2 cucharadas de perejil picado
2 cucharadas de cebolla picada
2 cucharadas de aceite
sal

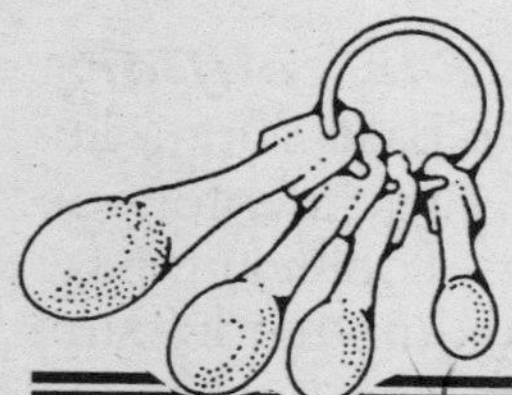

Procedimiento: A las acelgas se les quita el tronco, y se les da un ligero hervor. En una cacerola se pone un poco de aceite, cuando ya está caliente se le pone la cebolla y la zanahoria durante unos minutos, se saca del fuego, se añade el requesón o queso, perejil y sal al gusto. Se pone una o dos cucharadas de esto en cada hoja de acelga, se forman los rollitos, se acomodan en una budinera y se bañan con la salsa de jitomate. Se hornean un rato.

PAPAS EMPAPELADAS

INGREDIENTES

6 u 8 papas
250 gramos de tocino picado finito
500 gramos de pimiento morrón fresco picadito
500 gramos de apio picado
500 gramos de cebolla picada
sal y pimienta

NOTA: Se puede hacer este puré en loza refractaria; y si se quiere, gratinar al horno.

Procedimiento: Poner a cocer las papas al vapor cuidando que no se revienten. Una vez cocidas, se les saca la pulpa y se prensan. El tocino se fríe en su propia grasa, agregando la cebolla a que transparente, el morrón y el apio, sin dejarlos sazonar mucho, por último la papa. Sazonar con sal y pimienta. Rellenar las papas que se ahuecaron, envolverlas con papel aluminio para servir y conservarlas calientes.

PAPAS RELLENAS

INGREDIENTES

6 *papas amarillas medianas*
1 *queso crema*
1 *cucharada de cebolla picada*
1 *cucharada de tocino picado*
1/4 *de crema*
1 *cucharadita de mantequilla o margarina*
250 *gramos de queso Manchego molido*
sal y pimienta, al gusto

Procedimiento: Se cuecen las papas con todo y cáscara sin dejar que revienten. Enseguida se ahuecan. En una sartén al fuego se pone la mantequilla con la cebolla a que sancoche, se agrega el tocino a que dore, se incorpora con cuidado la pulpa de la papa, el queso y la crema. Se sazona con sal y pimienta. Con esta pasta se rellenan las papas, se espolvorean con el queso y se envuelven con papel estaño. Se meten a gratinar al horno durante 30 minutos (200°C). Se sirven con aves y carnes.

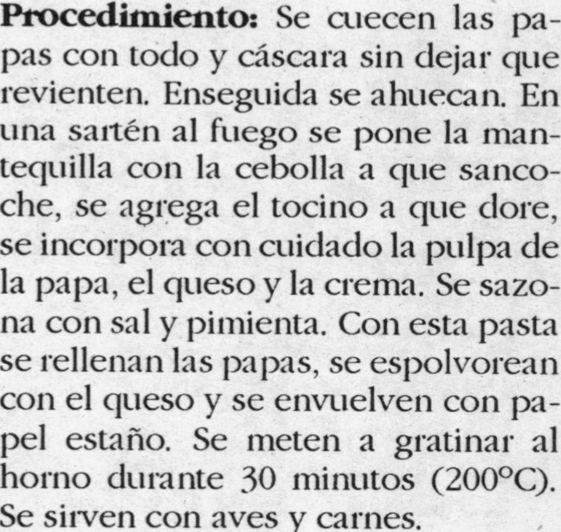

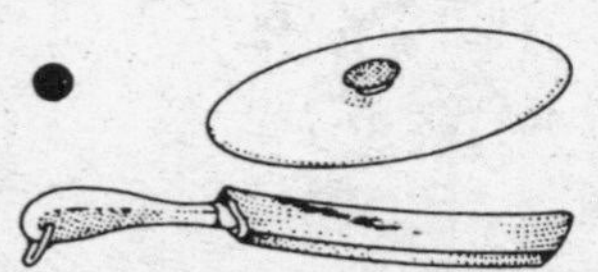

VERDURAS AL VAPOR

INGREDIENTES

1 *kilo de chayotes medianos*
500 *gramos de zanahorias*
1 *cebolla grande*
150 *gramos de mantequilla fresca*
sal y pimienta

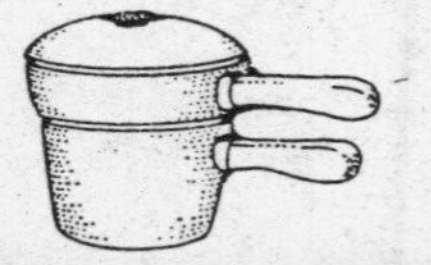

Procedimiento: Los chayotes y zanahorias se pelan, se parten por la mitad y se cortan al sesgo. En una cacerola de aluminio grueso se ponen todos los ingredientes a un tiempo, se agrega medio vaso de agua, sal y pimienta al gusto. Se tapa muy bien y se deja cocer a fuego lento.

Indice

Otros títulos de esta colección:

TU RECETARIO SELECTO

¿Has disfrutado de los exquisitos manjares que te ofrece una amiga en sus reuniones, y ahora te toca a tí cautivar el paladar de tus invitados, pero no sabes cómo?

Este libro te ayudará a elegir los platillos que combinan con las sopas o los postres para crear un selecto menú.

TU RECETARIO SELECTO te guiará desde el principio hasta el final. Después de abrirlo déjate llevar por las instrucciones de las recetas para preparar ***delicados cocteles; atractivas botanas y entradas; regias sopas y pastas; fuertes salsas o frescas ensaladas; deliciosos platillos mexicanos, e internacionales; jugosas carnes, pescados, mariscos, aves y pasteles de antojable apariencia.***

Así podrás presentar desde una sencilla comida con huevos empanizados, hasta un suculento menú que por ejemplo, puede comenzar con un fino coctel ***"Medias de seda"*** antes de sentarse a la mesa, pasando por ***un queso con ajonjolí*** como botana, ***una sopa de pollo al Curry y un filete Chateaubriand,*** para finalizar con una rebanada de ***pastel Chantilly de Piña.***

TU RECETARIO SELECTO será un gran amigo que te abrirá las puertas del éxito a través de la boca de tus comensales.

Así pues... ¡Manos a la cocina!

TU MATRIMONIO

"...Y sus miradas se cruzaron; cada cual sintió que era para el otro, aún sin conocerse; pero sabían que su unión sería para siempre".

El final de esta historia es el que la mayoría de las parejas desearían para sí, pero esas situaciones sólo se dan en las novelas o en las películas, donde se desborda amor y felicidad para todos lados y de las cuales no se conoce lo que sucede después de que se casan, lo que hay después de la palabra F I N.

Sin embargo, la realidad es otra. Muchas personas ***han buscado su felicidad con una pareja y no la han encontrado.*** En el peor de los casos han tenido muchos noviazgos que no llegan a nada.

La vida en común tiene su secretos. Y este manual te ayudará a descubrirlos.

¿Cómo lograr una relación de pareja duradera?

Abre el libro y comienza a leer. Seguramente tu vida cambiará...

TUS HIJOS DE 1 A 12

¿Cuántos padres solo mencionan un "¡Cállate y siéntate!" cuando sus hijos quieren jugar con ellos?

Conoce a tus hijos, házte partícipe de lo que sienten y de cómo ven la vida.

El presente libro intenta orientar a los padres y los ayuda a comprender su comportamiento en cada edad.

Los niños son un tesoro que los padres deben descubrir con amor y ternura.

¿Sabes que la confianza que tu hijo te tiene depende de que sepas cómo tratarlo?.

Nunca nos han enseñado como ser buenos padres. Por ello este libro aspira a poder ayudarte.

Te propondrá ideas para acercarte a tu hijo y hacerle entender ciertas cosas sin dañar el respeto por sí mismo, ni engañarlo.

Conocerás las formas en que juega tu hijo y por qué lo hace así, además de que dá ejemplos de juegos que puedes realizar con tus hijos.

Encuentra las respuestas que necesitas en este libro y disfruta la niñez de tus hijos

Editores Impresores
Fernández S.A. de C. V.
Retorno 7-D Sur 20 No. 23. México D. F.